Die Praxis betrieblicher Weiterbildungs- veranstaltungen

Von Dr. Rolf Th. Stiefel
und Eckart Flöther

HANSTEIN

ISBN 3-7756-6603-6

Satz: Composer Engel, Köln

Herstellung: Eric Freudenhammer, 5303 Bornheim-Merten

Stiefel/Flöther, Die Praxis betrieblicher Weiterbildungsveranstaltungen

DBwPRAKTIKA

BAND 3

Vorwort

Die Notwendigkeit, die betrieblichen Führungskräfte ständig fortzubilden, wird seit langem erkannt. Ursprünglich kam der Anstoß hierfür aus der Erkenntnis, daß die schnellen Veränderungen in der Technologie und des erworbenen Fachwissens das erforderlich machen. Später kam der Gedanke hinzu, daß auch gesellschaftspolitische Entwicklungen und neuere Erkenntnisse über den Wandel von Führungssystemen eine solche Fortbildung zwangsläufig bedingen. Die praktischen Ansätze zur Verwirklichung dieser Überlegungen sind sehr vielfältig, und auch die theoretische Bewältigung dieses Problems ist intensiv betrieben worden.

Die Autoren unternehmen hier den begrüßenswerten Versuch, eine Bestandsaufnahme der Theorie und Praxis der Fortbildung des Management sowie der allgemeinen Fortbildung von Erwachsenen vorzunehmen. Sie haben vor allem die umfangreiche Literatur, insbesondere aus dem angelsächsischen Bereich, sehr sorgfältig ausgewertet.

Die Praxis mag hier und da demgegenüber etwas zu kurz kommen, aber die vorliegende Arbeit enthält eine Fülle von theoretischen Ansätzen für eine praktische Durchdringung und Fortführung der dargelegten Gedankengänge. Bemerkenswert ist der Versuch, die Zielsetzungen des „Management Development" mit den Zielsetzungen des „Organizational Development" in Übereinstimmung zu bringen, um auf diese Weise eine völlig neue Grundlage für die betriebliche Bildungsarbeit zu bekommen.

Trotz des starken theoretischen Unterbaues dieser Arbeit und der damit verbundenen ausgeprägten Betonung der Theorie, leistet sie einen sehr wesentlichen Beitrag für die Diskussion um die optimale Fortbildung des Management. Deshalb verdient sie eine entsprechende Beachtung durch die Wissenschaft und die Praxis.

Dr. Hans Friedrichs

Deutsche Gesellschaft für Personalführung

Inhaltsverzeichnis

Einleitung

Im vergangenen Jahr nahm die Zahl der Teilnehmer an externen Bildungsveranstaltungen im Vergleich zum Vorjahr ab. Immer mehr Firmen planen und organisieren Fort- und Weiterbildungsseminare im eigenen Haus. Dabei finden teilnehmeraktivierende Lehrmethoden zunehmenden Einsatz.

Mit dieser Form der partizipativen Programmgestaltung haben beide Autoren langjährige Erfahrungen. Stiefel arbeitete als Mitglied des Lehrkörpers einer internationalen Management-Schule in der Schweiz, forschte und lehrte auf dem Gebiet der Management-Schulung an verschiedenen Universitäten in Nordamerika. Flöther war in zwei deutschen Konzernen im Management-Training zuletzt verantwortlich tätig. Danach bearbeitete er Themen der Management-Schulung in der monatlich erscheinenden Fachzeitschrift für Unternehmensführung Plus und nach der Fusion mit der Wirtschaftswoche in diesem Wirtschaftsmagazin als Ressortleiter für die Sparte Management. Diese Arbeit umfaßt Gedanken und Erfahrungen, die schon zum Teil in Zeitschriften und im Rahmen der RKW-Schriftenreihe „Lernen und Leistung" teilweise sehr detailliert veröffentlicht wurden. Flöther ist jetzt als Referent der Hessischen Landesregierung in Wiesbaden tätig.

Bei der Zusammenstellung orientierten sich die Verfasser nach dem zeitlichen Ablauf betrieblicher Bildungsarbeit – von der Ermittlung von Trainingsbedürfnissen über die Planung, Durchführung und Kontrolle von Management-Seminaren.

Auf alle Fragen der Bildungsarbeit will und kann diese Arbeit nicht eingehen. Sie ist mehr ein Kompendium, das den Aufgabenkreis des Betriebspädagogen als tour d'horizon in einer theoretischen und praktischen Dimension darlegt.

Im Vordergrund steht dabei, wie Lernziele am wirksamsten dem Kursteilnehmer zu vermitteln und unter welchen Voraussetzungen sie in Verhaltensweisen zu transferieren sind.

1. Management-Lehre und Betriebswirtschaft

Die amerikanische Managementlehre hat in den letzten 15 Jahren die deutschsprachige Betriebswirtschaftslehre tiefgreifend beeinflußt. War die überkommene Betriebswirtschaftslehre „eine Theorie des Betriebsaufbaus und des Betriebsablaufs"[1] . . . , entwickelt sie sich mehr und mehr zu einer Lehre von der Unternehmens- und Organisationsführung.[2]

Erste Impulse zur Entwicklung einer eigenständigen wissenschaftlichen Betriebspolitik gaben Gutenberg[3] und Mellerowicz[4].

Seit den fünfziger Jahren erschienen verschiedene Veröffentlichungen über Betriebs-, Unternehmens- und Betriebswirtschaftspolitik, von denen das Werk *Sandig's*[5] der Konzeption einer Lehre von der Unternehmensführung am nächsten kommt. „Die zentrale Aufgabe der Führung des Betriebes bildet die Entwicklung und Durchführung einer Betriebswirtschaftspolitik. Wissenschaftlich handelt es sich hierbei um die Lehre von den Zielsetzungen und Entscheidungen in den Betrieben . . . Betriebswirtschaftspolitik schließt . . . alle Betriebe, die der öffentlichen Hand, der Genossenschaften, selbst Haushaltsbetriebe . . . ein, da in allen Betrieben gewirtschaftet werden muß und damit Führungsaufgaben gestellt sind und Entscheidungen getroffen werden müssen."[6]

1 *Leitherer, Eugen:* Zur neueren Entwicklung der Managementlehre. Buchbesprechung von *Newman, William H., Summer jr., Charles, E.:* The Process of Management, Englewood Cliffs (N.J.) 1961, in: Zeitschrift für handelswissenschaftliche Forschung, 14. Jg. NF, Heft 11/1962, S. 595.

2 Managementlehre wird mit Lehre von der Unternehmensführung übersetzt, wobei der Begriffsinhalt von ‚Unternehmen' dem *Illetschkos* entspricht. „Eine Unternehmenstheorie, die sowohl Unternehmen (Operationen) auf politischen, militärischen wie kulturellen, erzieherischen, wirtschaftlichen und sonstigen Gebieten sich als Erkenntnisgegenstand nimmt, scheint also möglich, weil mit diesen Elementen vor allem auch die realorganisatorische Seite aller solcher Gebiete menschlicher Aktivitäten deutlich zum Ausdruck kommt." *(Illetschko, Leopold L.:* Unternehmenstheorie. Elemente rationaler Betriebslenkung, Wien 1964, S. 31). Anderer Meinung ist *Perridon*, der nur den engen Managementbegriff, der sich auf die Unternehmung oder den (wirtschaftlichen) Betrieb bezieht, als Unternehmensführung übersetzt (vgl. *Perridon, Louis:* Management — Neue Disziplin in Deutschland? in: Der Volkswirt, 21. Jg., Heft 37/1967, S. 2020). Was mit sozialen Organisationen gemeint ist, vermittelt treffend eine Darstellung verschiedener Verfasser in *March, James G.* (Hrsg.): Handbook of Organisations, Chicago 1965, S. 720 ff.

3 Vgl. *Gutenberg, Erich:* Grundlagen der Betriebswirtschaftslehre, Band 1, Die Produktion, Berlin-Göttingen-Heidelberg 1961.

4 Vgl. *Mellerowicz, Konrad:* Ausbau der Betriebswirtschaftslehre durch Entwicklung einer wissenschaftlichen Betriebspolitik, in: Der Betrieb, 4. Jg., Heft 1/1951, S. 1 ff.

5 Vgl. *Sandig, Curt:* Betriebswirtschaftspolitik, 2. Aufl., Stuttgart 1966.

6 *Sandig, Curt:* Betriebswirtschaftspolitik als wissenschaftliche Aufgabe und als Ausbildungsgegenstand, in: Neue Betriebswirtschaft, 12. Jg., Heft 6/1959, S. 101.

Greifen wir die Hauptströmungen heraus, dann sind es im wesentlichen zwei Tendenzen, die für die Strukturierung der jüngeren Betriebswirtschaftslehre ursächlich waren:

1. Die Integration des Entscheidungsprozesses in das Lehrgebäude der Betriebswirtschaftslehre. Zwar ist für die Betriebswirtschaftslehre nicht neu, daß sie sich mit Entscheidungen befaßt; neu ist aber die Methodik, wie sie die Entscheidungen untersucht.[7] Dadurch werden die traditionellen Grenzen zur Mathematik, Psychologie und Soziologie aufgebrochen.
2. Den zweiten Impuls erhält die moderne Betriebswirtschaftslehre durch die anthropologischen und anthropozentrischen Ansätze.[8]

War die Lehre von der Unternehmensführung zur klassischen Betriebswirtschaftslehre durch unüberbrückbare Gegensätze gekennzeichnet, besteht heute eine enge Verknüpfung. In die Stoffpläne der Betriebswirtschaftslehre wurden, wie *Ulrich*[9] forderte, die von Psychologen, Soziologen, Mathematikern und Spezialisten aller Art gelieferten Bausteine schon teilweise integriert. Die Entwicklung der Managementlehre kann unter zwei Aspekten betrachtet werden. Einmal lassen sich Probleme und deren Lösung in ihrer fortschreitenden Entwicklung aufspüren, zum anderen kann das literarische Ergebnis verfolgt werden, das gleichsam als Reflex und Niederschlag der jeweiligen Epoche zu verstehen ist. Beide Blickstellungen, sowohl die literarhistorische als auch die historisch-genetische, schließen sich gegenseitig nicht

7 Vgl. *Heinen, Edmund:* Betriebswirtschaftslehre heute. Die Bedeutung der Entscheidungstheorie für Forschung und Praxis, Wiesbaden o.J. (1966), S. 5.

8 Vgl. im einzelnen dazu *Hasenack, Wilhelm:* Methoden- und Entwicklungsprobleme der Betriebswirtschaftslehre, in: *Abromeit, Hans-Günther, Jonas, Heinrich, Labes, John-Richard* (Hrsg.): Aktuelle Betriebswirtschaft, Festschrift zum 60. Geburtstag von *Konrad Mellerowicz,* Berlin 1952, S. 1 ff; derselbe: Mensch im Betrieb, in: Zeitschrift für Betriebswirtschaft, 32. Jg. (1962), S. 577 ff; derselbe: Inwieweit kann oder muß die Betriebswirtschaftslehre den Menschen in ihre Untersuchungen einbeziehen? In: Arbeit und Lohn als Forschungsobjekt der Betriebswirtschaftslehre, Wiesbaden 1962, S. 9 ff.; derselbe: Betriebswirtschaftslehre mit Querverbindungen zur Mathematik und Soziologie, in: Betriebswirtschaftliche Forschung und Praxis, 12. Jg. (1960), S. 1 ff.; derselbe: Gedanken zu einer Betriebswirtschaftslehre in ganzheitlicher Sicht, in: Betriebswirtschaftliche Forschung und Praxis, 15. Jg. H. 5, S. 257 ff; derselbe: Wechselbeziehungen zwischen Mensch und Betrieb, FAZ vom 14. Juli 1961; ferner: *Uecker, Fritz:* Die anthropologische Betriebswirtschaftslehre, in: *Weilbach, Erich A.* (Hrsg.): Neue Wege der Betriebswirtschaft, Festschrift für *Walter Thoms* zu seinem 65. Geburtstag, Herne-Berlin 1964, S. 33 ff; vgl. *Buth, Wolfgang:* Das Problem einer „anthropozentrischen" Betriebswirtschaftslehre, in: Zeitschrift für Betriebswirtschaft, 36. Jg., Heft 9/1966, S. 549 ff; vgl. *Sandig, Curt:* Das wissenschaftliche Erbe *Heinrich Nicklischs,* in: Betriebswirtschaftliche Forschung und Praxis, 19. Jg., Heft 9/1967, S. 521.

9 Vgl. *Ulrich, Hans:* Die Betriebswirtschaftslehre vor neuen Aufgaben. Separatdruck aus: Betriebswirtschaftliche Mitteilungen, Band 17, hrsg. vom Institut für Betriebswirtschaft an der Handels-Hochschule St. Gallen, Bern 1961, S. 14.

aus, sondern ergänzen sich, da sie jeweils auf ihre eigene Art Wesensmerkmale der Managementlehre freilegen.[10. 11]

1.1 Perioden in der Entwicklung der Management-Lehre

a. Anfänge der Managementlehre

Nach einer Erhebung der Public Library in New York im Jahre 1917 erschien das Wort Management in Buchtiteln vor 1891 überhaupt nicht und tauchte bis zur Jahrhundertwende erst 27 mal auf.[12]

Trotzdem gab es schon früher Denkansätze einer Managementlehre, ohne daß das Wort Management expressis verbis herausgestellt wird. So entstanden schon in den vierziger Jahren des vorigen Jahrhunderts vier bemerkenswerte Werke, die die litherarhistorischen Vorläufer der heutigen Managementlehre bilden:[13]

Dupin, Charles: Discours sur le sort des ouvriers, Paris 1831;

Barbage, Charles: On the Economy of Machinery and Manufactures, London 1832;

Clausewitz, Carl von: Vom Kriege, 16. Aufl., Bonn 1952, (1. Aufl. 1832);

Ure, Andrew: The Philosophy of Manufactures, London 1835.

10 Entsprechende Blickstellen in der betriebswirtschaftlichen Literatur finden sich bei *Seyffert, Rudolf:* Über Begriff, Aufgaben und Entwicklung der Betriebswirtschaftslehre, 5. Aufl., Stuttgart 1963, als einem Vertreter der literarhistorischen Betrachtung, und *Bellinger, Bernhard:* Geschichte der Betriebswirtschaftslehre, Betriebswirtschaftliche Studienbücher, Reihe 1, Grundlagen, Stuttgart 1967, als einem Vertreter der historisch-genetischen Betrachtungsweise. Eine glückliche Verbindung beider Betrachtungsweisen hat *Leitherer* in seiner Habilitationsschrift vollzogen; vgl. *Leitherer, Eugen:* Geschichte der handels- und absatzwirtschaftlichen Literatur, Köln-Opladen 1958.

11 Eine historisch-methodologische Darstellung der Managementlehre, wie sie z.B. *Schönpflug* für die Betriebswirtschaftslehre übernommen hat (vgl. *Schönpflug, Fritz:* Das Methodenproblem in der Einzelwirtschaftslehre, Stuttgart 1933), scheitert an der wesentlich flexibleren Haltung der meisten amerikanischen Vertreter gegenüber einer einmal gewählten methodologischen Analyse der Schriften *Herbert A. Simons,* einem der Großen in der neueren Entwicklung der Managementlehre. Der Vergleich mit *Schmalenbach* erscheint hier angebracht, der sich auch nie vollständig in die „empirisch-realistische Richtung" eingruppieren ließ.

12 Vgl. *Kransensky, Hans:* Der Betriebspädagoge. Ein Berufs- und Lebensbild in der modernen Gesellschaft, in *Baumgardt, Johannes* (Hrsg.): Erziehung in einer ökonomisch-technischen Welt. Festschrift für *Friedrich Schlieper* zum 70. Geburtstag, Freiburg/Breisgau 1970, S. 123.

13 Vgl. *Mee, John F.:* Management Thought in a Dynamic Economy, New York 1963, S. 115 f.

Der interdisziplinäre Charakter moderner Managementlehre könnte wohl kaum besser durch den Werdegang dieser Autoren demonstriert werden. *Barbage* war Mathematiker, *von Clausewitz* Militärwissenschafter und *Ure* Physiker, *Dupin's* Beruf ist nicht bekannt. In der amerikanischen Literatur findet insbesondere *Barbage* und der Kern seines Werks, die praktischen Vorschläge für die Arbeitsteilung, eine breite Würdigung.[14]

Für den deutschen Sprachraum ist das Buch des Militärwissenschafters *von Clausewitz* von bemerkenswertem Interesse, in dem er mit großer Sorgfalt eine Theorie der Kriegsführung entwickelt. Mehr als alle anderen literarhistorischen Vorläufer kann sein Werk als Managementlehrbuch aufgefaßt werden. Obwohl das Buch bis um die Jahrhundertwende in nahezu sämtliche Kultursprachen übersetzt wurde, blieb der Einfluß auf die in der zweiten Hälfte des 19. Jahrhunderts aufblühende Industrie so gut wie aus.[15]

b. Die Phase der Wissenschaftlichen Betriebsführung

Die literarischen Funken der vierziger Jahre des 19. Jahrhunderts waren keineswegs so stark, daß sie zum Entstehen eines Feuers ausreichten. Vielmehr waren es verschiedene Faktoren, die, sich gegenseitig kumulierend, zum ersten Anstoß einer eigentlichen und stetigen Entwicklung beitrugen:

1. Das System der Arbeitsteilung mit der Ablösung der handwerklichen Herstellung durch die Fabrikarbeit.
2. Die protestantische oder puritanische Ethik, die dem Amerikaner mit als Wertsystem diente.
3. Der Glaube an den „Sozialen Darwinismus".
4. Das von Papst Leo XIII in Rerum Novarum ausgedrückte Recht jedes einzelnen, privaten Besitz zu erwerben.
5. Die komplexer werdende Technologie in der Wirtschaft.
6. Das Wachstum der Betriebe durch breiter werdende Produktionsprogramme.[16].

Bis in die achtziger Jahre wurden Managementprobleme vornehmlich unter Ingenieuren ausschließlich als etwas Technisches erörtert. Erst mit dem denkwürdigen Vortrag von *Towne* vor der ‚American Society of Mechanical

14 Vgl. z.B. *Hoagland, John Hardie:* Early Management Studies, in: *Dale, Ernest* (Hrsg.): Readings in Management, Landmarks and New Frontiers, New York–St. Louis–San Francisco–Toronto–London-Sidney 1965, S. 113 f.

15 Es wird einer besonderen Studie vorbehalten bleiben, welche einschlägigen Managementgedanken bei *v. Clausewitz* im Vergleich z.B. mit *Ansoff, H. Igor:* Corporate Strategy. An Analytical Approach to Business and Management A. 932, Harmondsworth (Middlesex) 1968 enthalten sind.

16 Vgl. *Mee, John F.:* Management Movement, in: *Heyel, Carl* (Hrsg.): The Encyclopedia of Management, Band 1, New York–London 1963, S. 477 f.

Engineers' 1886 setzte sich eine Bewegung in Gang, an deren Ende ein eigenständiges Fach stehen sollte.[17] „Engineering has long been conceded a place as one of the modern arts, and has become a well-defined science, with a large and growing literature of its own, and of late years has subdivided itself into numerous and distinct divisions, one of which is that of mechanical engineering. It will probably not be disputed that the matter of shop management is of equal importance with that of engineering . . . and that the management of works has become a matter of such great and farreaching importance as perhaps to justify its classification also as one of the modern arts.[18]

Die nun beginnende Entwicklung einer Lehre vom Management ist somit in Abspaltung von den Ingenieurwissenschaften entstanden. Alle diejenigen, die sich mit diesem neuen Gebiet beschäftigten, waren, von ihrem Ausbildungsgang her, Ingenieure. Genauer gesagt, es waren ‚industrial engineers', deren Stoffpläne im Gegensatz zu unseren Ingenieuren mehr wirtschaftliche Fächer enthielten.

Frederick W. Taylor's Name hängt eng mit der Entwicklung der Wissenschaftlichen Betriebsführung zusammen (Taylorismus).[19] Er war der bekannteste unter jenen Renegaten, die der Ingenieurwissenschaft den Rücken kehrten und am Aufbau der neuen Lehre arbeiteten. *Taylor's* wissenschaftliches Werk[20] zielte auf die Rationalisierung des technischen Produktionsprozesses ab. Ihm geht es vor allem um eine Steigerung der Produktivität durch Verbesserung der Arbeitsverfahren auf der Ebene des „Shop", dem Bereich der ausführenden Tätigkeiten. Auch bei den übrigen amerikanischen Vertretern der Wissenschaftlichen Betriebsführung ist die Managementlehre in erster Linie eine Produktivitätslehre, wobei sie ihr Augenmerk ausschließlich auf die untere Führungsebene richten. Neben *Friedrich W. Taylor* sind

17 Vgl. *Mee, John F.:* Management Movement, a.a.O., S. 478.

18 *Towne, Henry R.:* The Engineer as an Economist, in: *Merrill, Harwood F.* (Hrsg.): Classics in Management, New York 1960, S. 60.

19 *Frederick, W. Taylor* wird häufig auch als ‚Vater der Wissenschaftlichen Betriebsführung' bezeichnet, ein Attribut, das sich auf seinem Grabstein wiederfindet. Nachweislich stammt die Bezeichnung ‚Scientific Management' von *Louis D. Brandeis* aus dem Jahre 1910 (vgl. im einzelnen *Mee, John F.:* Scientific Management, in a.a.O., Band 2, S. 865.

20 *Taylor, Frederick W.:* Die Betriebsleitung, insbesondere der Werkstätten, Aufl., Berlin 1920 (Titel der Originalausgabe: Shop Management, New York 1903) und ders.: Die Grundsätze Wissenschaftlicher Betriebsführung, München-Berlin 1913. (Titel der Originalausgabe: The Principle of Scientific Management, New York 1911).

es insbesondere *Henry L. Gantt*[21], *Russell Robb*[22], *Harrington Emerson*[23], *Frank B. Gilbreth*[24], und *Mary P. Follett*[25].

Die stürmische industrielle Entwicklung führte auch in Europa zu einer literarischen Auseinandersetzung mit diesen Problemen. So hat *Karol Adamiecki* sein Hauptwerk ‚Harmonisierung der Arbeit' (Harmonizacja Pracy) nach der Jahrhundertwende veröffentlicht. Im selben Jahr wie *Taylor*, 1903, stellt er vor der Vereinigung Russischer Ingenieure sein Hormonogramm dar, das sehr viel Ähnlichkeit mit den von *Gantt* später veröffentlichten Grundsätzen hat, (sie sind als ‚*Gantt*-Chart' in die Literatur eingegangen.[26]

Den wohl bemerkenswertesten europäischen Meilenstein in der Entwicklung der Managementlehre nimmt das Werk von *Fayol*[27] ein, das schon 1916 die Phasen des Führungsprozesses enthält, auf denen später in den USA eine ganze „Schule", die ‚management process school', ihre Lehrmeinung aufbauen sollte. Erwähnenswert ist noch das Buch von *Oliver Sheldon*[28], das mehr eine Darstellung der ersten Management-Philosophie vermittelt.

Die europäische Literatur hat sich frühzeitig mit den Problemen der mittleren und oberen Führungsebenen befaßt und unterscheidet sich darin grundsätzlich von den amerikanischen Veröffentlichungen. Das Lehrgebäude der deutschsprachigen Betriebswirtschaftslehre wurde nur im Rahmen der Industriebetriebslehre teilweise von den Gedanken der amerikanischen Richtung beeinflußt, während betriebswirtschaftliche Lehrstühle (wie z.B. an der ETH Zürich) stark auf den Fundamenten von *Taylor* und seiner Vertreter fußen. Das Gedankengut von *Fayol* findet sich selbst heute noch in jedem einschlägigen Werk über Unternehmenspolitik.

21 *Gantt, Henry L.:* Work, Wages and Profits, New York 1911 und ders.: Industrial Leadership, New York 1916.

22 *Robb, Russell:* Lectures on Organization, New York 1910 (Privatdruck). Auszugsweise sind einige Kapitel veröffentlicht in *Merrill, Harwood F.* (Hrsg.): a.a.O., S. 161.

23 *Emerson, Harrington:* Efficiency as a Basis for Operation and Wages, New York 1911 und ders.: Twelve Principles of Efficiency, New York 1913.

24 *Gilbreth, Frank B.:* Motion Study, New York und ders.: Primer of Scientific Management, New York 1912.

25 *Metcalf, H.C., Urwick, Lyndall F.:* The Collected of *Mary Parker Follett,* London 1941.

26 Vgl. *Mee, John F.:* Scientific Management, a.a.O., S. 869 f.

27 *Fayol, Henri:* Allgemeine und industrielle Verwaltung, München–Berlin 1929 (Titel der Originalausgabe: Administration Industrielles et generale, Berlin 1916).

28 *Sheldon, Oliver:* A Professional Creed for Management, in: *Merrill, Harwood F.:* (Hrsg.): a.a.O., S. 295 ff.

Lediglich das Werk von *Adamiecki* konnte keinen Einfluß ausüben. Es blieb im wesentlichen unbekannt.

c. Die „Human Relations"-Periode

Taylor und die übrigen Pioniere der Managementlehre waren Techniker, die – vom technischen Denken beherrscht – die Verbesserung der Ergiebigkeit von Vorgängen im Leistungsniveau suchten. Der einzelne wurde dabei isoliert betrachtet. Die Zugehörigkeit zu einer sozialen Gruppe, die Tatsache, daß in jeder Organisation gleichsam eine Art soziales Netzwerk besteht, in das der einzelne in vielfacher Beziehung verflochten ist, wurde nicht berücksichtigt.

Erst die „Human Relations"-Bewegung führte den Nachweis, daß dem Menschen in der Wirtschaft in seiner sozialen Funktion und allen daraus sich ergebenden Eigenschaften eine enorme Bedeutung zukommt. Insbesondere waren es die Untersuchungen in den Hawthorne Werken der Western Electric Company, deren Ergebnisse – ebenfalls auf „Shop"-Ebene bezogen – die direkte Erwiderung auf die Bewegung der Wissenschaftlichen Betriebsführung waren.

War also die Unternehmensführung der ersten Periode technisch orientiert, schlug Ende der zwanziger Jahre das Pendel auf die andere Seite aus, die Unternehmensführung wurde in erster Linie als soziologischer und sozialpsychologischer Problemkreis verstanden. Nach *Mayo*[29], *Roethlisberger* und *Dickson*[30], den bekanntesten Vertretern dieser Epoche[31], steht die Produktivität in enger Beziehung zu der Qualität der Arbeitsbedingungen. Kernaspekt wurde nun der Mensch, bei dem nicht nur rationale, sondern auch emotionale Anliegen eine Rolle spielen. Diese neue Erkenntnis ermöglichte den Verhaltenswissenschaften, insbesondere der Psychologie, Soziologie, Sozialpsychologie und Anthropologie, den Zutritt zur Lehre von der Unternehmensführung.[32]

Eine Tendenz der jüngeren Betriebswirtschaftslehre, ökonomische Sachverhalte nicht mehr rein mechanisch zu betrachten, sondern auch den Menschen als Entscheidungsträger mit in die Überlegungen einzubeziehen, hat

29 *Mayo, Elton:* The Human Problems of an Industrial Civilization, Boston 1933.

30 *Roethlisberger, Fritz J., Dickson, W.J.:* Management and the Worker, Cambridge/Mass. 1939.

31 Neben diesen wohl bekanntesten Vertretern dieser Periode sind *W.B. Donham, C.E. Turner* und *T.N. Whitehead* weitere Namen, die mit der „Human Relations"-Periode, insbesondere mit der mehr als 5 Jahre andauernden empirischen Forschung in den Hawthorne Werken in enger Verbindung stehen.

32 Vgl. auch die kritische Betrachtung dieser Lehrmeinung im Überblick bei *Landsberger, Henry A.:* Hawthorne Revisited, Ithaca (N.Y.) 1958.

einen ihrer Ursprünge in der „Human Relations School" der amerikanischen Managementlehre. Insbesondere lassen sich zwischen den stark betriebssoziologisch ausgerichteten Schulen wie z.B. der von *Kolbinger*[32a] und der „Human Relations"-Bewegung Zusammenhänge herstellen.

Es wäre aber zweifellos zu einfach, für die anthropologischen und anthropozentrischen Ansätze in neueren betriebswirtschaftlichen Darstellungen nur *Mayo, Roethlisberger, Dickson* u.a. verantwortlich zu machen. Der älteren Betriebswirtschaftslehre zur Ehre sei erwähnt, daß die Systeme von *Nicklisch*[33] und auch einige frühe Darstellungen von *Findeisen* derartige Gedanken enthalten.

d. Die Periode des Aufbaus einer umfassenden Theorie der Unternehmensführung

Die „Human-Relations"-Bewegung hatte bis in die vierziger Jahre der Managementlehre ihren Stempel aufgedrückt. Am Übergang der nun beginnenden Epoche stand das Werk von *Chester I. Barnard*[34], der zwar noch von *Mayo* und seinen Mitstreitern beeinflußt war, der aber doch in gewisser Hinsicht den Auftakt zu einer neuen Periode bildete. Sämtliche modernen Aspekte der Managementlehre fußen in irgendeiner Weise auf den Gedanken *Barnards.*

Barnard rückte den Prozeß der Unternehmensführung mit seinen Elementen in den Mittelpunkt seiner Betrachtung und stellte daneben die informale Organisation der formalen Organisation als Notwendigkeit gegenüber. Mit ihm beginnt die prozessuale Schule der Managementlehre (management process school), als deren Vorläufer man in Europa *Fayol* bezeichnen könnte.

Die nun begonnene Übertragung der Erkenntnisse der Managementlehre auf andere soziale Gebilde ist im Wesen des Führungsprozesses begründet, denn in sämtlichen Organisationen[35] lassen sich die Funktionen des Management-Prozesses ausmachen.

33 Vgl. *Sandig, Curt:* Das wissenschaftliche Erbe *Heinrich Nicklisch's,* a.a.O., S. 521, und *Buth, Wolfgang,* a.a.O., S. 549 ff.

34 *Barnard, Chester I.:* The Functions of the Executive, Cambridge/Mass. 1938. Es ist vielleicht in mancher Hinsicht für die amerikanische Managementlehre bezeichnend, daß dieses, die neuere Management-Literatur grundlegend beeinflussende Werk nicht von einem Hochschullehrer, sondern von einem Praktiker – *Barnard* war Präsident der New Jersey Bell Telephone Co. – verfaßt wurde.

35 Der Begriff der Organisation wurde nun sehr weit gefaßt. „An organization is a dynamic, unique system, in which many activities, relationships and interactions are woven into a complex ‚whole'. (*Hilgert, Raymond I.:* Modern Organization Theory and Business Management Thought, in: The American Behavioral Scientist, Band 8, Heft 2/1964, S. 25.

1. Zielsetzung
2. Planung
3. Organisation
4. Motivation der Mitarbeiter
5. Kontrolle.

Auf diesem wegweisenden Konzept bauten die nunmehr in rascher Folge erscheinenden Veröffentlichungen[35a] über die einzelnen Funktionen auf. Am meisten Beachtung fand der Entscheidungsbildungs-Prozeß. Insbesondere *Herbert A. Simon*[36], sein erstes Werk erschien 1947, beeinflußte die Managementlehre, aber auch die Soziologie und Mathematik und die in den fünfziger Jahren entstehende Computerwissenschaft grundlegend. Neben den Vertretern der „management process school", die in direkter Verbindung zum Konzept von *Barnard* stehen, lassen sich auch die Behavioristen nach 1945 mit ihren Veröffentlichungen bis in die jüngste Zeit auf *Barnard* zurückverfolgen. Die bedeutendsten Repräsentanten sind *Bakke*[37], *Argyris*[38], und *McGregor.*[39]

Unter den zahlreichen Strömungen der neueren Managementlehre ist es noch nicht möglich, alle herauszugreifen und zu würdigen. Noch ist es zu früh, sie in ihrem Ausmaß und ihrer faktischen Wirkung einzuschätzen und zu erkennen. Wir wollen jedoch eine bedeutsame Entwicklung hervorheben: der Brückenschlag zwischen den behavioristischen Auffassungen und der mathematisch orientierten Literatur über den Prozeß der Entscheidungsbildung. Als hervorragender Repräsentant ist einmal mehr *Herbert A. Simon*

35a In der Bundesrepublik veröffentlichte erstmals die Zeitschrift für Unternehmensführung Plus *(Flöther, Eckart:* Der Management Prozeß) in der Ausgabe 5/1970 in einem Kreismodell dieses Funktionskonzept. Eine Weiterentwicklung publizierte 1973 die Deutsche Management-Gesellschaft e.V. Sie definiert Management: „Jeder Mensch muß zu seiner persönlichen Lebensgestaltung wie in seinem Berufsleben analysieren, entscheiden und kommunizieren. Er muß ständig allein oder zusammen mit anderen Menschen Ziele setzen, planen, organisieren und die Ergebnisse kontrollieren. Das sind auch die Aufgaben eines jeden, der Verantwortung für Menschen und Mittel trägt. Jedoch kommt bei ihm die Aufgabe hinzu, Menschen zu führen. Das Bündel dieser Funktionen nennt man mangels eines besseren Begriffs „managen".

36 Vgl. unter anderen Werken insbesondere *Simon, Herbert A.:* Administrative Behavior: A Study of Decision — Making Processes in Administration Organizations, New York 1947; ders.: The New Science of Management Decision, New York 1960; *March, James G.; Simon, Herbert A.* (unter Mitarbeit von *Harald Cuetzkow)*: Organization, New York 1958.

37 *Bakke, E. Wight:* The Fusion Process, New Haven (Conn.) 1953; *Bakke, E. Wight,* Organizational Structure and Dynamics, New Haven (Conn.) 1954.

38 *Argyris, Chris:* Personality and Organizations, New York 1957.

39 *McGregor, Douglas M.:* The Human Side of Enterprise, New York 1960.

zu bezeichnen. Wir glauben, daß sich gerade in der Verbindung der zwei Hauptrichtungen, der Behavioristen und der mathematischen Schule in der Zukunft eine Synthese anbahnt, die das bevorzugte Objekt in der literarischen Entwicklung der nächsten Jahre einnehmen wird.[40]

In der Entwicklung der Managementlehre der Nachkriegszeit gibt es nur eine literarhistorisch bemerkenswerte Veröffentlichung, die nicht anglo-amerikanischen Ursprungs ist. Wir meinen das Buch von *Carlson*[41], der als Vertreter der behavioristischen Richtung die Unternehmensführung neu zu fassen suchte. Schließen wir England in unsere Betrachtung ein, so ist es insbesondere *Urwick*[42], der als europäischer Vertreter der „management process school" noch genannt werden muß.

Die moderne Betriebswirtschaftslehre fußt in ihren Gedanken stark auf der Epoche der Managementlehre nach dem Zweiten Weltkrieg. Die in der deutschsprachigen Literatur immer vorrangigere Beachtung der Entscheidungslehre mit ihrer Tendenz zu einer stark mathematisierten Modellbildung läßt in vieler Hinsicht Züge der amerikanischen Entwicklung der Managementlehre erkennen. Dagegen stellt der weitergeführte behavioristische Ansatz, wie er z.B. von *Bakke* und *Argyris* vertreten wird, ein noch unterentwickeltes Gebiet in der Betriebswirtschaftslehre dar und wurde in der deutschsprachigen Literatur nur von der Soziologie in ihrem neuformierten Gebiet der Organisationssoziologie[43] übernommen. Über die dargestellten grundlegenden und wegweisenden literarhistorischen Meilensteine und

40 Bislang herrscht noch an manchen amerikanischen Universitäten eine Situation, daß sich in der Business School zwei Gruppen von Lehrern und Schülern bilden, Behavioristen und die mathematisch orientierten Management-Vertreter, für die es schwierig ist, eine gemeinsame Plattform des wissenschaftlichen Gesprächs zu finden. Daneben gibt es Universitäten, an denen eine Richtung fast ausschließlich gepflegt wird, so z.B. Yale für die Behavioristen oder mit für die mathematisch orientierten Vertreter der Unternehmensführungslehre.

41 *Carlson, Sune:* Executive Behavior. A. Study of the Work Load and the Working Methods of Managing Directors, Stockholm 1951; vgl. dazu auch die Buchbesprechung bei *Poom, Eduard:* Die Entwicklung der Lehre von der Unternehmensführung. Meditationen über eine methodologische Pionierleistung, in: Zeitschrift für handelswissenschaftliche Forschung, 3. Jg. NF, Heft 12/1951, S. 546 ff. Es ist in diesem Zusammenhang auffallend, daß die Behavioristen in Skandinavien eine überaus starke Stellung einnehmen. Wir verweisen dazu neben Schweden als Ergänzung auf Norwegen mit der Solstrand Management-Schule, deren Middle- und Top-Management Programme ausgesprochen behavioristisch geprägt sind. (Vgl. dazu im einzelnen *Waaler, Rolf:* Management Development. A Norwegian Experiment. Three Leatherbee Lectures at the Harvard University, Boston 1962 und *Bakke, E. Wight:* A Norwegian Contribution to Management Development, Bergen 1959.)

42 *Urwick, Lyndall F.:* The Elements of Administration, New York—London 1943.

Hauptströmungen hinaus, steht die Gegenwart der Unternehmensführungslehre im Zeichen einer wachsenden Zahl von Veröffentlichungen, die *Drucker* nicht umsonst zu der Bemerkung „Konjunktur des Management"[44] veranlassen. Diese Flut von Publikationen kommt auch in einer chronologisch zusammengestellten Bibliographie von Werken der allgemeinen Managementlehre zum Ausdruck, die abschließend als literarhistorischer Spiegel der Entwicklung von der Unternehmensführung dienen mag:[45]

1831–1840	5	1911–1920	35
1841–1880	–	1921–1930	27
1881–1890	2	1931–1940	18
1891–1900	1	1941–1950	24
1901–1910	7	1951–1960	85

Seit dem Zweiten Weltkrieg sind dabei mehr Veröffentlichungen erschienen, als in sämtlichen Jahren und Jahrzehnten zuvor.[46]

1.2 Konzeption einer eigenständigen Management-Andragogik

„Ebenso wie Untersuchungen über Kunsterziehung keine Beiträge zur Theorie der Ästhetik und Untersuchungen über religiöse Erziehung keine Beiträge zur christlichen Glaubenslehre sind, obwohl in beiden Fällen die Verfasser tief fundierte kunstwissenschaftliche oder theologische Kenntnisse besitzen müssen, so sind auch Untersuchungen über die wirtschaftliche Erziehung . . . keine Beiträge zur ökonomischen Theorie."[47]

Demnach kann zumindest gesagt werden, daß die Betriebswirtschaftslehre oder Managementlehre als wissenschaftliche Disziplin für die Federführung beim Aufbau eines theoretischen Gebäudes für die Management-Schulung nicht zuständig sein können. Ob ausschließlich die Wirtschaftspädagogik oder Wirtschaftsandragogik kompetent ist, hängt von dem Begriffsinhalt ab, den man dem Management in der Wortverbindung Management-Schulung gibt.

43 Vgl. z.B. *Mayntz, Renate:* Soziologie der Organisation, Reinbek bei Hamburg 1963, und *Mayntz, Renate, Ziegler, Rolf:* Soziologie der Organisation, in: *König, Rene* (Hrsg.): Handbuch der empirischen Sozialforschung, Bd. 2, Stuttgart 1969, S. 444 ff.

44 *Drucker, Peter F.:* Das Großunternehmen, Düsseldorf-Wien 1966, S. 8 (Titel der Originalausgabe: The Concept of the Corporation, 2. Aufl., o.O. (New York) 1964).

45 Vgl. *Mee, John F.:* Management Thought . . . , a.a.O., S. 115 ff.

46 Nach der Aufstellung von *Mee* wurden von 1946–1962 119 Werke gegenüber 105 Werken über allgemeine Managementlehre (General Management) in den Jahren vorher veröffentlicht.

47 *Abraham, Karl:* Die Weltoffenheit der Wirtschaftspädagogik, in: Der österreichische Betriebswirt, 13. Jg., Heft 2/1963, S. 68.

Folgen wir *Perridon*[48], der einen engen und einen weiten Management-Begriff unterscheidet, dann läßt sich folgende disziplinäre Zuständigkeitsverteilung vornehmen. Beim engen Management-Begriff, der sich auf die Unternehmung oder den (wirtschaftlichen) Betrieb bezieht, wird die Wirtschaftspädagogik, insbesondere in ihrem Zweig der Wirtschaftsandragogik[49] zweifelsfrei zuständig.[50 51]

Der weitere Management-Begriff, dessen Erfahrungsobjekt alle sozialen Organisationen umfaßt und der von *Perridon* mit Organisationsführung übersetzt wird, geht über die Zuständigkeitsgrenzen der Wirtschaftspädagogik oder -andragogik hinaus und verlangt nach einem multidisziplinären Konzept.

Verfolgen wir die gegenwärtig von der Wirtschaftspädagogik behandelten Interessengebiete und Problemkreise, dann wird deutlich, daß sich ihre Vertreter bislang des neuen Gebietes weder im Umfang noch in der Bedeutung bewußt sind. Diese Tatsache, daß Management-Schulung von den wirtschaftspädagogischen Fachvertretern mehr als stiefmütterlich behandelt wurde und sie sich mehr mit den traditionellen Gebieten der Berufspädagogik und den Fragen der Wirtschaftsschulen auseinandersetzten, sollte aber nicht als Argument dafür dienen, daß die Management-Schulung aus

48 Vgl. *Perridon, Louis:* Management – Neue Disziplin in Deutschland? in: Der Volkswirt, 21. Jg., Heft 37/1967, S. 2020. Vgl. auch grundsätzlich zur Struktur der Managementlehre *Stiefel, Rolf Th.:* Die anglo-amerikanische Managementlehre. Entwicklungsphasen der Managementlehre und Einfluß auf die Struktur der Betriebswirtschaftslehre, in: BFuP, 21. Jg., Heft 11/1969, S. 626 ff.

49 Vgl. *Herzog, Christian:* Probleme der Wirtschafts- und Sozialpädagogik und der Wirtschafts- und Sozialandragogik, in: *Abraham, Karl* (Hrsg.): Gedanken zur Wirtschaftspädagogik. Festschrift für *Friedrich Schlieper* zu seinem 65. Geburtstag, Freiburg/Breisgau 1962, S. 93.

50 Einen zusätzlichen Beweis für die Einordnung der (engen) Management-Schulung bei der Wirtschaftspädagogik gibt *Krasensky,* der sowohl auf dem Gebiet der Wirtschaftspädagogik als auch auf demjenigen der Betriebswirtschaftslehre als akademischer Lehrer tätig ist und sich mehrfach als Berater mit Fragen der praktischen Unternehmensführung und der Weiterbildung wirtschaftlicher Führungskräfte befaßt hat. Beide Gebiete werden von ihm wissenschaftssystematisch getrennt behandelt, wobei er die Schulung von Führungskräften als einen wirtschaftspädagogischen und nicht als einen betriebswirtschaftlichen Sachbereich seiner wissenschaftlichen Tätigkeit ansieht.

51 Interessant sind in diesem Zusammenhang auch die Ausführungen von *Schönfeld*, der als einer der besten Kenner der Materie in der Bundesrepublik Deutschland – obgleich kein Wirtschaftspädagoge – die Schulung von wirtschaftlichen Führungskräften in den Bereich der Wirtschaftspädagogik verweist. Vgl. *Schönfeld, Hans-Martin:* Die Ausbildung und Weiterbildung von Führungskräften, in: *Peege, Joachim* (Hrsg.): Kontakte mit der Wirtschaftspädagogik. Festschrift für *Walter Löbner* zum 65. Geburtstag, Neustadt/Aisch 1967, S. 76.

dem wissenschaftlichen Erkenntnisbereich der wirtschaftspädagogischen Disziplin ausgeschlossen wird.

Eine Wahrnehmung der Management-Schulung wäre im Rahmen von neu einzurichtenden Lehrstühlen für Betriebspädagogik möglich.[52] Damit würde der betriebspädagogische Aufgabenkreis folgende Bereiche umfassen (Abb. 1 S. 16). Die Arbeitsteilung innerhalb der Wirtschaftspädagogik, dadurch erzielt, daß ein Zweig sich mehr der Wirtschaftsschulpädagogik widmet, während der andere die Betriebspädagogik behandelt, hätte zumindest Aussicht auf eine verstärkte Behandlung der Fragen der Management-Schulung.

Da Management in seiner weiten Bedeutung neben Unternehmen auch andere soziale Organisationen umfaßt, taucht das Problem auf, welche Disziplin sich mit den Problemen der qualifizierten Erwachsenenbildung in Organisationen wie Krankenhäusern, militärischen Einrichtungen, Schulen usw. befassen soll.

Gegenwärtig entwickeln die einzelnen Organisationen mehr oder weniger ihre Schulungskonzepte selbst. Obwohl die Entwürfe in Richtung des Aufbaus theoretischer Konzepte noch nicht zu weit vorangeschritten sind, läßt sich leicht absehen, daß diese Form der Zuständigkeit bei der Bewältigung der Probleme der Management-Schulung unergiebig ist.

Die bisher unbefriedigende theoretische Behandlung der qualifizierten Erwachsenenbildung in allen sozialen Organisationen (einschließlich von Unternehmen) berechtigt, ein Konzept zu prüfen, das auf den ersten Augenblick etwas utopisch aussehen mag.

52 Betriebspädagogik umfaßt im weitesten Sinne jegliche Erziehung und Bildung durch den Betrieb oder für den Betrieb. Vgl. im einzelnen *Geck, L.H. Adolph:* Betriebspädagogik, in: Lexikon der Pädagogik, Band 1, Hrsg. vom Deutschen Institut für wissenschaftliche Pädagogik, Münster und dem Institut für Vergleichende Erziehungswissenschaft, Salzburg, Freiburg/Breisgau. Sp. 431.

53 Aus-, Weiter- und Fortbildung erfolgt nach dem jeweiligen Ziel der betriebspädagogischen Maßnahmen. Ausbildung hat die Vorbereitung für einen Beruf oder eine Berufsrichtung zum Inhalt, Weiterbildung umfaßt die Aktualisierung des Wissens für eine bestimmte Tätigkeit, die der Betreffende bereits ausübt; unter Fortbildung verstehen wir die Maßnahmen, die darauf abzielen, daß der Teilnehmer nach Abschluß der Schulung eine neue Funktion im Unternehmen zu übernehmen in der Lage ist. Dabei wird die neue Funktion als hierarisch über der alten stehend eingeschätzt. Vgl. im einzelnen *Dolch, Josef:* Ausbildung, in: Grundbegriffe der pädagogischen Fachsprache, 3. Aufl., München 1960, S. 29 und *Stiefel, Rolf Th.:* Die Unterschiede bei der Weiter- und Fortbildung mittlerer Führungskräfte durch unternehmensexterne Veranstaltungen, in: Wirtschaft und Berufs-Erziehung, 19. Jg., Heft., Heft 12/1967, S. 226 ff. und ders.: Betriebspädagogische Grundbegriffe, in: Contact, 9. Jg., Heft 4/1969, S. 242 ff.

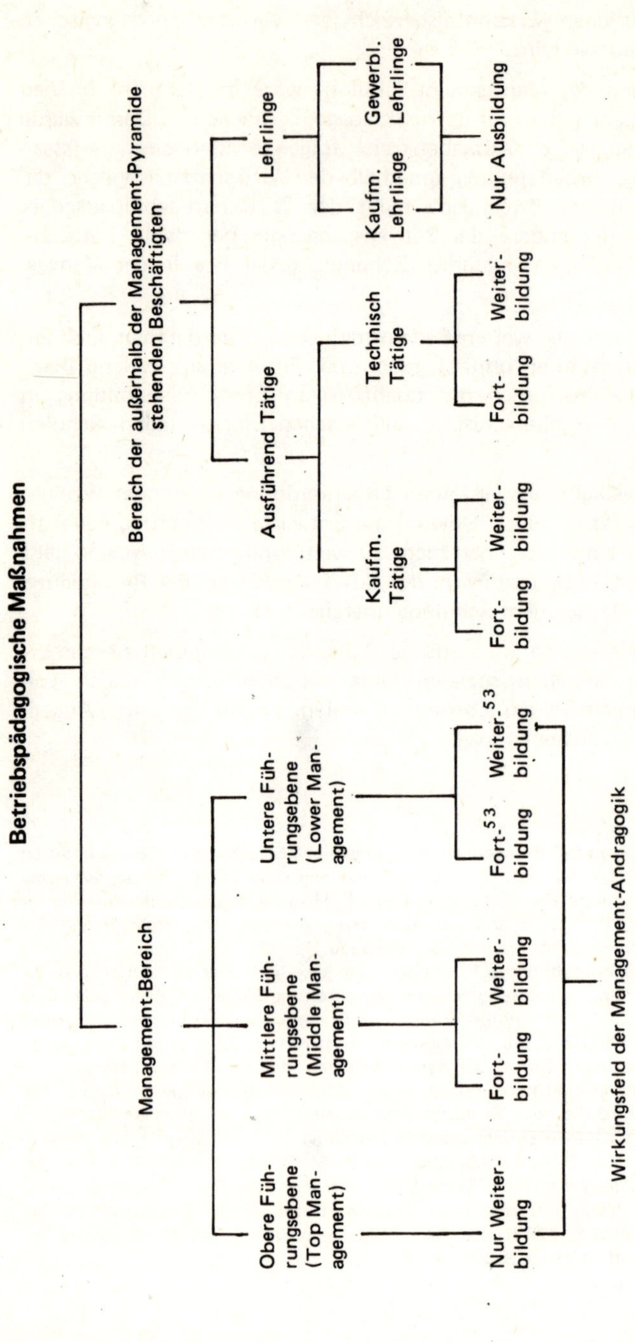

Abb. 1: Der betriebspädagogische Aufgabenkreis

(Fußnote 53 s. Seite 15)

Es geht schlicht davon aus, daß Management sowohl institutional als auch funktional in jeder Organisation vorhanden ist.[54] Daraus folgt, daß für jede Organisation eine generelle Didaktik der Managementlehre, nicht der organisationsspezifischen Fachdidaktik Gültigkeit hat. Weiterhin lassen sich genügend Gemeinsamkeiten bei den Elementen im Unterrichtsprozeß – „Schüler"-Typ, Lehrer-Typ, technologische Hilfsmittel, aktivitätspädagogische Methoden, Methodensequenz, Natur des Lernprozesses bei Führungskräften, Evaluierung des Unterrichtserfolgs, Evaluierung des Transfer-Effekts usw. – herauskristallisieren, die Bestandteile einer generellen Theorie der qualifizierten Erwachsenenbildung oder Management-Andragogik abgeben würden. Daneben könnten spezielle ‚Management-Andragogiken' entstehen, welche die Besonderheiten einzelner Organisationen berücksichtigen würden.

Die Vorteile einer eigenständigen Management-Andragogik sind:

1. Zunächst würde eine ‚Konvergenz-Disziplin' geschaffen, die versucht, generelle Theorien über die qualifizierte Erwachsenenbildung aufzustellen. Wie bedeutsam dieses Gebiet für unsere Gesellschaft wird, braucht in diesem Zusammenhang nicht näher erörtert zu werden.
2. Die Idee der qualifizierten Erwachsenenbildung könnte einen gewaltigen Aufschwung nehmen; denn es würde Hochschulabsolventen geben, die nicht mehr zufällig mit der Management-Schulung in Verbindung kommen, sondern die sich, mit Grundkenntnissen in den relevanten Gebieten, bewußt diesem Bereich verschreiben.
3. Die Wirtschaftspädagogik könnte sich um ihre primären und angestammten Gebiete der Wirtschaftsschulen und der „Lehrlingspädagogik" kümmern und würde nicht durch die neuen Problem- und Fragenkreise der Management-Schulung aus dem Gleichgewicht gebracht werden.
4. Die Hochschulpädagogik könnte von den Ergebnissen einer eigenständigen Management-Andragogik erheblich profitieren; eine Erhöhung der Effizienz des Hochschulunterrichts wäre die wohl zwangsläufige Folge.

54 Unter funktionalem Aspekt wird Management als ein Prozeß bezeichnet, bei dem Ziele gesetzt und durch die Inanspruchnahme und den zur Verfügung stehenden Mitteln verwirklicht werden. Vgl. *Mee, John F.:* Management Thought in a Dynamic Economy, New York 1963, S. 54. Daneben wird Management im institutionalen Sinne gebraucht, wenn man die Gesamtheit der „Träger dispositiver Aufgaben" ins Auge faßt. Vgl. dazu *Gutenberg, Erich:* Grundlagen der Betriebswirtschaftslehre, Band 1, Die Produktion, 6. Aufl., Berlin-Göttingen-Heidelberg 1961, S. 102. S. auch Ergebnisse der Deutschen Management Gesellschaft.

Die Hochschule setzt sich zum Ziel, an der Lösung der Probleme der Praxis mitzuarbeiten und auf neue Herausforderungen eine Antwort zu finden. Die starke Dynamisierung unserer technologischen, wirtschaftlichen und gesellschaftlichen Umweltbereiche erzwingt eine Anpassung an eben diese Dynamik von jenen, welche die Führung und Leitung der sozialen Organisationen innehaben. Die Management-Schulung erfüllt in dieser Sicht eine Schlüsselfunktion, indem sie diese Anpassung erleichtert.

2. Wie werden Trainingsbedürfnisse ermittelt?

2.1 Funktion und Aufgabe des Beurteilungswesens

Zu den Hauptaufgaben eines Vorgesetzen im Betrieb gehört der optimale Einsatz seiner Mitarbeiter zur Leistungserstellung. Gemäß ihrer Fähigkeiten haben sie Anspruch auf gerechte Bezahlung und individuelle Förderung. Gelingt es, alle Mitarbeiter nach ihren Kenntnissen, Interessen und Fähigkeiten einzusetzen, wird einerseits ihre Leistungskapazität optimal genutzt und zum anderen dadurch den Mitarbeitern ein stärkeres Gefühl der Zugehörigkeit zum Unternehmen und der Zufriedenheit am Arbeitsplatz vermittelt.

Das Instrument für den richtigen Einsatz, das gerechte Gehalt, die individuelle Förderung und die gemäß der Hierarchie mögliche Beförderung ist die Beurteilung der Mitarbeiter.

Der direkte Vorgesetzte ist für die Beurteilung verantwortlich. Zwar können andere nächsthöhere Vorgesetzte bei der Beurteilung mitwirken, um die subjektiven Urteile über mehrere Abteilungen zu objektivieren. Über eine Beratungsfunktion sollte diese Mitwirkung aber nicht hinausgehen.

Ein Beurteilungsbogen muß deshalb so gestaltet werden, daß er der subjektiven Beschreibung durch den Vorgesetzten möglichst wenig Raum bietet. Vielmehr müssen Beurteilungsmerkmale und deren Bewertungsstufen allgemeinverständlich und wenig interpretationsbedürftig sein.

Der Beurteilungsbogen soll durch eine Anleitung zur Durchsprache der Beurteilung mit dem Beurteilten ergänzt werden.

Wie der Vorgesetzte beurteilt und die Beurteilung bespricht, ist ein bedeutendes Merkmal seiner Führungsfähigkeit.

Die Beurteilung dient mehreren, eindeutig verschiedenen Zwecken:

1. Wie gut führt der Betreffende seine Arbeit aus?
2. Ist der Mitarbeiter richtig eingesetzt?
3. Braucht er Weiterbildung oder Förderung?
4. Wie hoch wird er wahrscheinlich in der Organisation aufsteigen?

Diese vier Schwerpunkte müssen klar voneinander abgegrenzt werden.

Der Vorgesetzte muß zunächst herausfinden, wie seine Mitarbeiter die ihnen übertragenen Aufgaben erfüllen. Dies ist die Voraussetzung für eine leistungsgerechte Bezahlung. Bei allen Arbeitskräften ist sie ein bedeutender Maßstab dafür, wer für größere Verantwortlichkeit herangezogen werden sollte, wer gefördert und befördert werden kann.

Die Beurteilung erfaßt in erster Linie, was der Mitarbeiter qualitativ und quantitativ als Arbeitsleistung erbringt und wie er die Aufgabe angeht, d.h. mit welcher Systematik, Zuverlässigkeit und Ausdauer.

Wenn auch bei der Beurteilung der Schwerpunkt beim Leistungsbild liegen sollte, dürfen vier weitere Kriterien nicht vernachlässigt werden:

1. Arbeitsweise

- 11. Arbeitsgüte
- 12. Arbeitstempo
- 13. Beständigkeit der Leistung
- 14. Kreativität

2. Fachkenntnisse

- 21. Eigenes Arbeitsgebiet
- 22. Angrenzende Arbeitsgebiete
- 23. Sprachkenntnisse

3. Einstellung zu Arbeit und Betrieb

- 31. Anstrengungsbereitschaft (Belastbarkeit)
- 32. Verantwortungsbereitschaft
- 33. Bereitschaft zur Fort- und Weiterbildung
- 34. Berücksichtigung übergeordneter betrieblicher Zusammenhänge
- 35. Kostenbewußtsein

4. Umgang mit Menschen

- 41. Auftreten und Umgangsformen
- 42. Geschick und Erfolg bei Verhandlungen
- 43. Kooperatives Verhalten
- 44. Verhalten gegenüber Vorgesetzten

5. Führungsverhalten

- 51. Planung und Disposition von Aufgaben
- 52. Menschenführung
- 53. Kontrolle

Beurteilungsinhalte für die Bereiche Fachkenntnisse, Einstellung zu Arbeit und Betrieb, Umgang mit Menschen und Führungsverhalten sollen ebenfalls leistungsorientiert definiert und bewertet werden.

Aus allen fünf Bereichen wird die Bildung eines Gesamturteils vorgeschlagen.

Es ist klar, daß eine Zusammenfassung vielfältiger Einzelmerkmale zu einer einzigen Bewertungsziffer (Endurteil) äußerst schwierig ist und ein hohes Maß an Verantwortung und Erfahrung voraussetzt.

Das Endurteil sollte jedoch aus den Einzelmerkmalen resultieren, die je nach Arbeitsplatz unterschiedlich gewichtet werden. Eine arithmetische Gewichtung wäre völlig ohne Aussage. Niemals sollte das Endurteil vor den Einzelbeurteilungen feststehen.

Da die Leistungserstellung bezahlt wird, müssen bei der Gewichtung naturgemäß die Bewertungen der Leistungsmerkmale dominieren. In diesem Zusammenhang soll darauf hingewiesen werden, daß sich das Endurteil auf das Tätigkeitsfeld beziehen muß, d.h. je anspruchsvoller das Aufgabengebiet, um so strenger müssen selbstverständlich die Maßstäbe werden. Ein gutes Mittel, die Endurteile einer größeren Gruppe (erst ab 50–60 Mitarbeiter gültig) zu objektivieren, ist die Heranziehung der Gauß'schen Normalverteilung.

Steht das Endurteil fest – das auch für die Gehaltsfindung herangezogen wird – sollte vom Vorgesetzten die Einsatzbreite beschrieben werden. Damit ist die Einsatzmöglichkeit eines Mitarbeiters auf gleichwertigen Positionen nach kurzer Einarbeitungszeit gemeint. Eine Aussage wird deswegen für wichtig erachtet, da durch Mehrbelastung in Nachbarabteilungen oder durch plötzlichen Ausfall von Kollegen Mitarbeiter zur Verfügung stehen müssen, die vorübergehend oder mittelfristig aushelfen können. Im Beurteilungsbogen sollte genau definiert werden, für welche Nachbarpositionen der Mitarbeiter geeignet ist.

Erkennt der Vorgesetzte beim Mitarbeiter Fähigkeiten für nächsthöhere Positionen, sprechen wir von Potential oder Entwicklungsfähigkeit.

Potential ist die Summe aller Fähigkeiten, Kenntnisse und Begabungen eines Mitarbeiters, die für seine Leistung oder sein Leistungsvermögen relevant sind.

Das Potential eines Mitarbeiters gibt Aufschluß darüber, welche Positionen bis zu welcher Ebene in welcher Zeit von ihm ausgefüllt werden können, d.h. wieweit er mit aller Wahrscheinlichkeit in der Hierarchie aufsteigen wird.

Merkmale des Potentials sind:

1. Das Leistungsbild in früheren Positionen oder in der derzeitigen Arbeit
2. Intelligenz und Begabung, Lernkapazität und Auffassungsgabe
3. Selbständiges Handeln und Urteilsfähigkeit
4. Antriebskräfte und die Einstellung zur Aufgabe (Motivation)
5. Interessen und Neigungen
6. Die Summe seiner persönlichen Qualifikation.

Es gibt keine Norm, welcher Qualität diese Merkmale sein müssen. Die typische erfolgreiche Führungskraft für die einzelnen betrieblichen Bereiche gibt es nicht. Nur die Qualität der erwarteten oder geforderten Leistungen einer Position sind definierbar. So kann mit einiger Sicherheit gesagt werden, daß Spitzenleistungen das Vorhandensein dieser Merkmale in überdurchschnittlichem Maße voraussetzen.

Selbst wenn ein Mitarbeiter alle Merkmale eines hohen Potentials zeigt, gibt es Faktoren, die einem möglichen Einsatz auf bestimmten Positionen entgegenstehen.

Dies sind
- Alter
- schlechte Gesundheit
- bestimmte störende Wesenszüge, Immobilität, d.h. der Wunsch des Mitarbeiters, an einem bestimmten Ort wohnen zu bleiben oder nur bestimmte Tätigkeiten ausführen zu wollen und
- die Zahl der im Unternehmen verfügbaren Positionen für Mitarbeiter eines spezifischen Potentials.

Dem Mitarbeiter, der zur Beförderung vorgesehen, über dessen Potential man sich aber nicht ganz sicher ist, können versuchsweise Aufgaben (trial assignments) übertragen werden, die seinem späteren Aufgabengebiet entsprechen.

Durch die Berufung in Komitees oder Projekt-Studiengruppen und die Übertragung der Aufgabe, bestimmte Probleme zu lösen, wird dem Mitarbeiter Gelegenheit gegeben, sich und sein Potential unter Beweis zu stellen.

Da ein einzelner Vorgesetzter zu einem subjektiven Urteil über das Potential eines Mitarbeiters kommen kann, sollten begabte Nachwuchskräfte in einer Rotation unter mehreren Vorgesetzten tätig sein. Auf diese Weise wird ein einzelnes Urteil bestätigt oder revidiert werden können.

Durch Leistungsbewertung und Definition des Potentials können Vorgesetzte zusammen mit der Personalleitung erkennen, ob der Mitarbeiter noch wirksamer im Unternehmen eingesetzt werden kann, und zwar

a) in seinem derzeitigen Aufgabengebiet oder
b) auf einer anderen Position.

Für jede Position sollten die Leistungsanforderungen in einer Stellenbeschreibung niedergelegt sein. Diesem Soll-Zustand ist der Ist-Zustand gegenüberzustellen. Unter Ist-Zustand verstehen wir die tatsächlich erbrachten Leistungen. Aus der Differenz zwischen dem Soll – den Anforderungen – und dem Ist – den tatsächlichen Leistungen des Mitarbeiters – läßt sich eine Differenz bestimmen, der Bildungsbedarf des Mitarbeiters. Dieser Bildungsbedarf kann sich auf die Kenntnisse beziehen, auf das Verhalten, oder auf die persönliche Einstellung.

Die in der Beurteilung aufgezeigten Schwachstellen sind ein Anhaltspunkt für die Bestimmung der Differenz zwischen Soll und Ist.

Bei der Festsetzung des Bildungszieles muß von der Leistungsfähigkeit des Mitarbeiters und seiner Möglichkeit, sie zu steigern, ausgegangen werden. Diese Möglichkeit ist individuell unterschiedlich. Man wird einen älteren Mitarbeiter kaum im gleichen Maße weiterentwickeln können wie einen jüngeren. Mitarbeiter mit geringem Potential kann man weniger schulen als Mitarbeiter mit hohem Potential.

Auch deshalb ist die genaue Definition für das Bildungsziel notwendig. Bildungsziele sollten möglichst schriftlich fixiert werden. Der Vorgesetzte braucht eine Übersicht über die Bildungsbedürfnisse und Ziele für seine Mitarbeiter, die ihm die erforderliche langfristige Planung erlaubt.

Nach Ermittlung der Bedürfnisse in einem Katalog für einzelne Zielgruppen in der Managementpyramide müssen konkrete Schulungsprogramme ausgearbeitet werden. Hauptaufgabe ist dabei die „Übersetzung" von Bedürfniskategorien in Lehrzielkategorien. Erst wenn ein exakt operationales Lehrziel formuliert wurde, kann eine Schulungsveranstaltung sinnvoll werden.

Ein kurzes Beispiel mag diese verdeutlichen: Die schon genannte Internationalisierung einer Unternehmung bedeutet für die Mitarbeiter u.a. das Bedürfnis, mit fremden Nationalitäten an Firmenproblemen gemeinsam zu arbeiten. Übersetzt man dieses Bedürfnis in eine später meßbare Lehrzielkategorie, dann läßt sich in dem Fall sagen, eine Schulungsveranstaltung hat zum Ziel:

- Abbau von Vorurteilen gegenüber fremden Nationalitäten
- Erweiterung des generellen Toleranzspielraums.

(Dieses Ziel läßt sich am Schluß genau mit semantischen Differentialen überprüfen).

Ist das Lehrziel gewählt, ergeben sich die Lehrinhalte, die Lehrmethoden und der Lehrkörper durch Deduktion. Zwar fehlt heute noch eine Theorie, die über die Unterrichtsprozeß-Orientierung die nötige Information zur Verfügung stellt, doch haben wir bereits einige sehr brauchbare Konzeptionen zur Hand, die über den Zusammenhang beispielsweise von aktivitätspädagogischen Lehrmethoden und Lehrzielen in der Führungskräfte-Schulung Auskunft geben. In der Evaluierungsphase wird der Unterrichtsprozeß, insbesondere sein Ergebnis, mit dem Lehrziel verglichen. Diese Phase macht es deutlich, warum das Lehrziel operational gestaltet werden muß.

Ohne Operationalität bei den Lehrzielkategorien gibt es keine exakte Evaluierung, und ohne Evaluierung gibt es keine Möglichkeit zu erfahren, wie weit mit einer Führungskräfte-Schulung die Teilnehmer auf die unternehmerischen Aufgaben von morgen tatsächlich vorbereitet wurden.

Jedes Weiterbildungskonzept in einem Unternehmen sollte diese essentiellen Phasen durchlaufen; denn nur dann besteht eine berechtigte Hoffnung, daß das Trainingsbudget sinnvoll verwendet wurde.

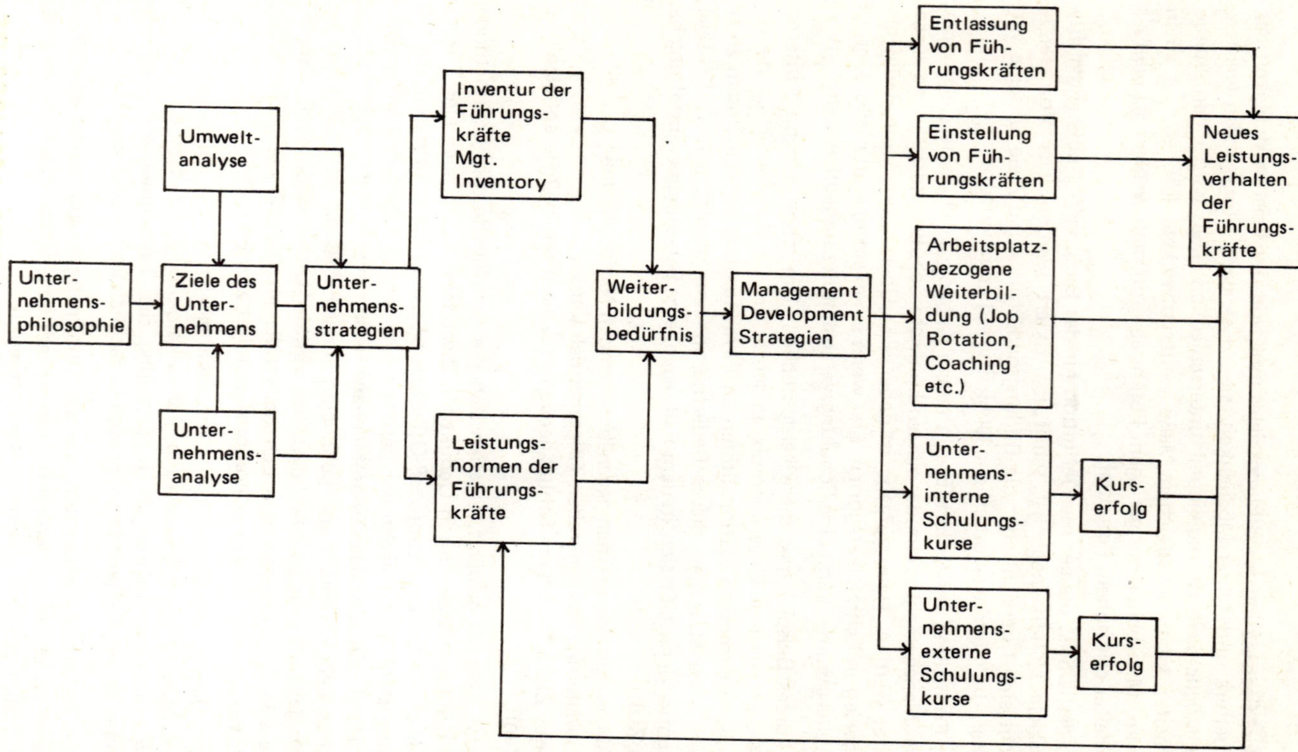

Abb. 2: Der Management-Devolopment-Prozeß

2.2 Funktion und Aufgabe des Management Development

Die Durchführung von Management-Development-Aufgaben im Unternehmen ist erst in den letzten Jahren systematisch vorgenommen worden. Verschiedene Gründe waren dafür maßgebend, unter anderem ein immer feiner entwickeltes System der Führung durch Zielsetzung (Management by Objectives), in das die Weiterbildung von Führungskräften als Systemelement eingebettet war.[55]

Management-Development wird als die Summe jener Maßnahmen verstanden, die darauf abzielen, Wissen, Verhalten und Fähigkeiten der Führungskräfte so zu beeinflussen, daß sie den gegenwärtigen und zukünftigen Unternehmenserfordernissen gerecht werden.

Im einzelnen wird die Funktion durchgeführt, wie in Abb. 2 dargestellt.

Am Ausgangspunkt der Bildungsanstrengungen steht die Ermittlung und Festlegung der Unternehmensziele, die ihrerseits von den Wertvorstellungen und Erwartungen der an der Unternehmensführung beteiligten Parteien, von den Gefahren und Chancen (entsprechend einer Umweltanalyse) und vom Stärke- und Schwächenprofil des Unternehmens bestimmt werden.

Als nächster Schritt werden strategische Konzepte entwickelt, wie die Ziele des Unternehmens verwirklicht werden sollen. Nach Erarbeitung einer Unternehmensstrategie werden die sich daraus ableitenden neuen Leistungsnormen der Führungskräfte dem gegenwärtigen Leistungsbild gegenübergestellt. Das sich daraus ergebende Weiterbildungsbedürfnis, als eine Art „management development gap" des Unternehmens, wird nun durch verschiedene Personalstrategien angegangen. Dabei reicht das Spektrum von Maßnahmen der Personalerneuerung durch Entlassung alter und Einstellung neuer Führungskräfte bis zu formalen und arbeitsplatzbezogenen Weiterbildungsformen.

Das neue Leistungsverhalten der Führungskräfte wird schließlich mit dem Weiterbildungsbedürfnis verglichen – Abweichungen werden durch Wiederholung des Prozesses ausgeglichen.

- Wesensmerkmale des Management Development sind die Ausrichtung auf die einzelne Führungskraft und die Erfüllung des Weiterbildungsbedürfnisses durch positive Änderungen in den kognitiven, affektiven und

55 Obwohl die Führung durch Zielsetzung als Methode der Unternehmensführung schon seit jeher gepflegt wurde, ist der Grad der Verfeinerung in die Integration aller betrieblichen Funktionsbereiche in ein echtes Führungssystem erst in den letzten zehn Jahren entwickelt worden. Siehe im einzelnen *Humble, John:* Corporate Planning and Management by Objectives, in: Long Range Planning, Juni 1969, S. 36–43. Ders.: Avoiding the Pitfalls of the MBO Trap., in: European Business, Herbst 1970, S. 13–20.

psychomotorischen Lernbereichen: Die Summe der Änderungen bei den einzelnen Führungskräften ergibt das neue und gewünschte Leistungsverhalten der Organisation. Der Prozeß der Änderung in den einzelnen Bedürfniskategorien muß induziert werden und ist kein sich selbst auslösender Vorgang.

2.3 Funktion und Aufgabe des Organization Development

Die Vielzahl und Mannigfaltigkeit der Organization-Development-Bemühungen erlauben nur eine sehr blutleere und abstrakte Definition, wenn sie alle Erscheinungsformen und Spielarten abdecken soll. Als ausgewählte Kriterien werden im folgenden näher ausgeführt:[56]

- Einsatz pädagogischer Strategien, um eine geplante Änderung in einer Organisation herbeizuführen: Der Ansatzpunkt liegt also so gut wie immer auf der menschlichen Seite, d.h. im sozialen Subsystem, und so gut wie nie im technischen Subsystem, wenn eine Unternehmung in diesem Zusammenhang einmal als sozio-technoökonomisches System gesehen werden darf.
- Die Änderungen, die angestrebt werden sollen, müssen von Unternehmen zu Unternehmen individuell geklärt werden.
- Das Vorgehen beruht darauf, daß den Beteiligten in einem Organization-Development-Projekt laufend im Feedback-Verfahren ihr Verhalten veranschaulicht wird. Sämtlicher Lehrstoff ergibt sich damit aus der Unternehmung, die geändert werden soll.
- Es entwickelt sich eine enge Zusammenarbeit zwischen dem Berater und den Beteiligten eines Organization-Development-Projekts.
- Anwendung von Erkenntnissen der Verhaltenswissenschaften:
  Die Verhaltenswissenschaften (Behavioral Sciences) in Organization-Development-Projekten sind eine problemorientierte, nicht disziplinorientierte Aneinanderreihung von Erkenntnissen der Psychologie, Soziologie, Anthropologie, politischen Wissenschaften und der Mikroökonomie.

Bei der Durchführung eines Organization-Management-Development-Projekts lassen sich – ungeachtet der sonst unterschiedlichen Vorgehensweisen der Fachleute – bestimmte Stufen bzw. Etappen erkennen. Diese Phasen zeigt das Schema in Abb. 3.

56 Vgl. hierzu *Bennis, Warren:* Organization Development – Its Nature, Origins, and Prospects. Menlo Park, London, Don Mills 1969, S. 10 ff.

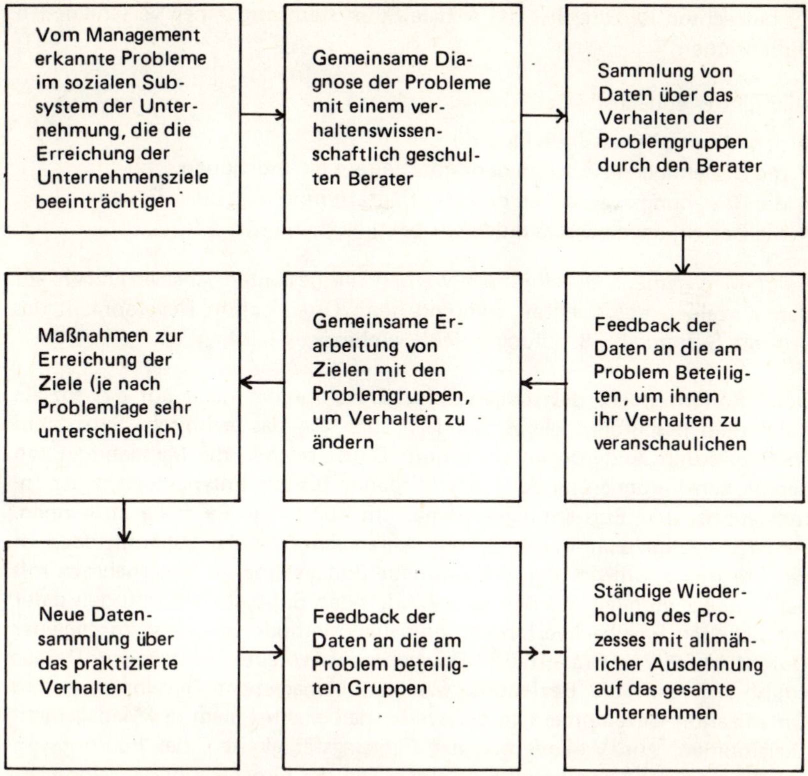

Abb. 3: Phasen eines Organization-Development-Projekts

Das in Abb. 3 sehr vereinfacht dargestellte Modell der verschiedenen Phasen (Problemdiagnose – Datensammlung – Feedback – Datendiskussionen – Maßnahmen zur Änderung des Verhaltens – Neues Verhalten – Datensammlung . . .) zeichnet sich im praktischen Fall durch eine variantenreiche Methodologie aus. Wesentlich für den zyklischen Prozeß ist (so jedenfalls ist die herrschende Meinung der Organization-Development-Experten), daß beim Top Management begonnen wird.

Nach der kurzen Darstellung der Wesenselemente sei nun Management Development und Organization Development gegenübergestellt und eine Beziehung festgelegt. Dazu kann man eine Anleihe aus der Systemtheorie machen und die Unternehmung als System in ihre wesentlichen Subsysteme aufteilen.

Zu betrachten ist zunächst das soziale Subsystem mit seinen verschiedenen Dimensionen:

Hier gibt es zunächst

- den Mitarbeiter als Individuum
- die Beziehungen zwischen den Mitarbeitern als Individuen
- die Beziehungen zwischen den Mitarbeitern innerhalb einer Gruppe
- die Beziehungen zwischen den Gruppen.

Beim Management Development werden die gesamten Anstrengungen auf den einzelnen ausgerichtet, während beim Organization Development das gesamte System als „Schulungsobjekt" einbezogen wird.

Dazu kommt noch, daß Organization Development nicht auf das soziale Subsystem beschränkt bleibt, sondern auch auf das technische Subsystem übergreift und Änderungen vornimmt. Dabei reichen die Maßnahmen von der bloßen Veränderung der Kontrollspanne bis zur Entwicklung neuer Informations- und Entlohnungssysteme, um nur einige Beispiele zu nennen. Änderungen im technischen System waren schon seither bekannt, doch ist die integrierte Einwirkung auf sämtliche Subsysteme im Unternehmen mit der Datengewinnung aus den zu verändernden Subsystemen und den dafür entwickelten Feedbackverfahren und neuen Methodologien erst im Zuge der Durchführung von Organization-Development-Projekten entstanden. Daraus ergibt sich nun die Beziehung zwischen Management Development und Organization Development in der Weise, daß Maßnahmem des Management Development zur Veränderung der Führungsfähigkeiten, des Führungsverhaltens und des Führungswissens einen Teil des Organization Development ausmachen können.

Anhand verschiedener Merkmale sollen nun die Unterschiede der beiden betrieblichen Änderungsstrategien gegenübergestellt werden. Die Unterscheidungsmerkmale werden in Tafel 1 verdeutlicht.

Die bisherigen, mehr generell gehaltenen Ausführungen sollen durch praktische Beispiele ergänzt werden, um zu zeigen, wie Organization Development in der betrieblichen Praxis eingesetzt wird. Dabei sollen zwei Beispiele stellvertretend für die Vielzahl der Bemühungen stehen.

Der erste Fall ist eine Beschreibung eines vollkommen unternehmensintern durchgeführten Programms ohne externe Beraterhilfe. Der zweite Fall ist eine mehr strukturierte Vorgehensweise, bei der die Hauptarbeit durch externe Kräfte durchgeführt wird.

Organization Development bei Pillsbury mit geringer externer Beraterhilfe:[57]

Merkmale	Management Development	Organization Development
Objekt der Änderungsstrategie	Manager als Individuum	Beziehungen zwischen Manager als Individuen, zwischen Manager als Teil einer Gruppe und zwischen Gruppen
Zeitlicher Horizont der Änderungsstrategien	Gering (gemessen in Wochen)	Groß (gemessen in Jahren)
Lernbereiche und Lernprozesse	Vornehmlich kognitiv und psychomotorisch	Vornehmlich affektiv
Prozeßcharakter der Änderungsstrategie	Ständig durch die Management-Development-Abteilung induzierter Prozeß	Anfänglich induziert durch verhaltenswissenschaftlich geschulten Berater, später selbstauslösend und regenerativ
Rolle und Funktion der Teilnehmer	Teilnehmerverhalten wird durch Maßnahmen des Management Development verändert	Teilnehmer ändern ihr Verhalten selbst

Tafel 1: Vergleich zwischen Management Development und Organization Development anhand verschiedener Merkmale

Eine intern durchgeführte Erhebung über das Entscheidungsverhalten der Führungskräfte brachte einige tiefergreifende Koordinationsprobleme zutage. Die anschließende Analyse der ermittelten Daten ließ erkennen, daß die Schwierigkeiten letztlich durch unterschiedliche Wertsysteme der betreffenden Mitarbeiter verursacht wurden.

57 Mit *Seymour Levy,* Manager of Personnel Research, wurden in verschiedenen Gesprächen die im folgenden geschilderten Gedankengänge erörtert.

Zusammenarbeit in Gruppen, gegenseitige Unterstützung, Offenheit und Vertrauen – all das waren Begriffe, die nicht sonderlich in dem Unternehmen gepflegt wurden. (Eine zweite Datenerhebung auf der Basis dieser Hypothese stützte die Vermutung.)

Der erste Schritt zu einer Reorientierung war die Teilnahme der Spitzenführungskräfte an Sensivity-Trainingskursen[58], die vom National Training Laboratory (NTL) regelmäßig abgehalten werden. Nach Rückkehr führte *Robert Blake* mit Unterstützung der „Manpower Development and Training Section" die erste Phase des „Managerial Grid Laboratory" durch[59], in der die Teilnehmer mit den wesentlichen Bestimmungsfaktoren und Orientierungsmöglichkeiten ihres Führungsstils vertraut gemacht wurden.

In der Folgezeit wurden nun für die einzelnen Abteilungen besondere gruppendynamische Übungen (sog. instrumented labs) durchgeführt, die alle das Ziel hatten, für die Teilnehmer Situationen zu schaffen, in denen sie fühlen konnten, daß sie sich als Individuum wie auch als Teil einer Gruppe auf andere verlassen konnten.

Das fehlende Vertrauen wurde über eine stärkere Öffnung in der Kommunikation erreicht, denn Offenheit und Vertrauen hängen gegenseitig voneinander ab. Vertrauen läßt sich nicht direkt ändern, wohl aber der Grad der Offenheit, der dann seinerseits auf das Vertrauen einwirkt.

In speziellen „Organization renewal labs" setzten sich die Teilnehmer Ziele, wie sie ihr Verhalten ändern wollten. Schematisch wird der Vorgang durch Tafel 2 und 3 (Seite 32) verdeutlicht.

Organization Development mit hohem Grad an Strukturiertheit und externer Beraterhilfe.

Im folgenden ist ein Organization-Development-Konzept vorzustellen, das mittlerweile weltweit angewandt wird. Sämtliche Stufen sind im voraus genau festgelegt[60]:

a) In der ersten Phase werden die Führungskräfte mit dem Wesen des Führungsstils vertraut gemacht. Dabei können die Teilnehmer intern oder extern während einer Woche geschult werden.

b) Während der zweiten Phase werden Methoden zur Verbesserung der Teamarbeit vermittelt. Der einzelne betrachtet sich jetzt nicht mehr als

58 hierzu *Conradi, Dr. H.:* Aktive Lehrmethoden, in: Handbuch der Rationalisierung, Band 22, Heidelberg 1971

59 hierzu *Blake, R. R.; Mouton, J. S.:* The Managerial Grid. Houston 1964, S. 10.

60 hierzu dies. a.a.O.: Building a Dynamic Corporation Through Grid Organizsation Development, Menlo Park, London, Don Mills 1969

Individuum, wie in der ersten Phase, sondern analysiert sein Verhalten und das seiner Teamkollegen als Teil einer Gruppe.

c) In der dritten Phase wird das Augenmerk auf die Zusammenarbeit zwischen Gruppen, wie die Zusammenarbeit zwischen Abteilungen oder die Beziehungen zwischen Hauptverwaltung und Niederlassungen, gerichtet.

d) Die vierte Phase ist unternehmensstrategischer Natur und versucht, bei den entscheidenden Führungskräften die Grundlagen für ein Denksystem zu legen, wie strategische Konzepte für ein Unternehmen formuliert werden.[61]

Mit diesem „Denkgerüst" wird nun ein strategisches Modell für die eigene Untersuchung aufgebaut.

e) In der fünften Phase wird das Modell im Unternehmen implementiert, wobei eine genaue Vorgehensweise zugrundegelegt wird.

f) Die letzte Phase befaßt sich vor allem damit, daß die Entwicklung einer Unternehmung ein permanenter Prozeß ist, bei dem Daten aus dem zu verändernden System gewonnen werden müssen, die den Stand der Entwicklung aufzeigen und korrigierend für die weitere Entwicklung verwendet werden können.

Was bedeutet nun Organization Development für die betriebliche Bildungsarbeit? Oder, anders formuliert: Muß sich die betriebliche Bildungsabteilung von den neuen Tendenzen angesprochen fühlen?

Mancher betriebliche Bildungsexperte wird sich für die stark verhaltenswissenschaftlich gefärbte Richtung nicht verantwortlich fühlen und auf die betriebspsychologische Abteilung im Unternehmen verweisen, die doch wesentlich mehr mit diesen Dingen zu tun hat. Die Ausführungen sollten aber klarlegen, daß Managment Development mehr und mehr in Organization Development aufgehen wird und als Teil eines permanenten Anpassungs- und Änderungsprozesses im Unternehmen gesehen werden muß. Die betriebliche Bildungsabteilung ist der Ort im Unternehmen, an dem diese Integration eintreten kann, vorausgesetzt, daß sie es schafft, ein neues Selbstverständnis zu gewinnen.

61 Zu unternehmensstrategischen Denkmodellen jüngeren Datums im einzelnen *Ansoff, Igor H.:* Corporate Strategy – An Analytic Approach to Business Policy for Growth and Expansion. Pelican Books, A 932. Harmondsworth 1968. Ders.: Toward a Strategie Theory of the Firm. In: Business Strategy Penguin Education X 72, Harmondsworth 1969, S. 11–40.

Stufen des Prozesses	Individuum	Gruppe	Unternehmung
Diagnose	A	B	C
Zielbildungs-prozeß	D	E	F

Tafel 2: Vorgehensschritte

A = Wie arbeite ich als Teil meiner Gruppe?

B = Wie arbeitet meine Gruppe zusammen?

C = Wie integrieren wir unsere Gruppenarbeit in den Unternehmensvollzug?

D = Welche Ziele und Maßnahmen muß ich ergreifen, um meine Leistung im Unternehmen zu steigern?

E = Welche Ziele und Maßnahmen muß meine Gruppe unternehmen, um ihre Leistung im Unternehmen zu steigern?

F = Welche Ziele und Maßnahmen müssen für die Unternehmung ausgearbeitet werden, damit sich ihre Leistung erhöht?

Tafel 3: Stufen des „Organization Renewal Laboratory" bei Pillsbury

Die Bildungsabteilung der Vergangenheit, die Schulungs- und Trainingskurse „verwaltet" hat, wird sich in der Zukunft in eine betriebliche „change agent"-Rolle hineindenken müssen, wenn sie nicht ihre eigene Existenz in Frage stellen will. Organization Development bedeutet, so betrachtet, eine Herausforderung für die Bildungsabteilungen in den Unternehmen, eine neue Rolle[62] zu übernehmen, die mit der Rolle des „klassischen betrieblichen Bildungsexperten" nicht mehr zu vergleichen ist.

62 Zum Konzept der betrieblichen Rolle mit allen Implikationen siehe *Katz, Daniel; Kahn, Robert L.:* The Social Psychology of Organizations. New York, London, Sydney 1966, S. 171–198.

2.4 Methoden zur Ermittlung von teilnehmerindividuellen Trainingsbedürfnissen

2.4.1 Warum Ermittlung der teilnehmerindividuellen Weiterbildungsbedürfnisse?

Zunächst möchten wir den Begriff teilnehmerindividuelle Weiterbildungsbedürfnisse präzisieren. Wir verstehen darunter die Lücke zwischen den aus einer organisatorischen Bedürfnisanalyse sich ergebenden Lernzielen und dem Eingangsniveau eines Teilnehmers. Die Lernziele A und B von drei Teilnehmern wurden durch eine Arbeitsplatzanalyse ermittelt (Abb. 4). Damit ist aber noch nicht gesagt, daß diese Lernziele auch den Weiterbildungsbedürfnissen entsprechen. Vielmehr müssen wir auch das Eingangsniveau der Teilnehmer bei den Lernzielen A und B erfassen, um auf die individuellen Weiterbildungsbedürfnisse zu kommen. Die teilnehmerindividuellen Weiterbildungsbedürfnisse sind die Differenz zwischen Lernziel und Eingangsniveau. Die wesentliche Erkenntnis daraus ist somit nicht, was unterrichtet wird, sondern was nicht unterrichtet wird. Diese Aussage mag trivial klingen, und doch wird in den meisten Fällen in der Weiterbildungspraxis dagegen verstoßen. Abb. 4 stellt den Zusammenhang von Lernzielen, Eingangsniveau und daraus resultierendem Weiterbildungsbedürfnis noch einmal graphisch dar.

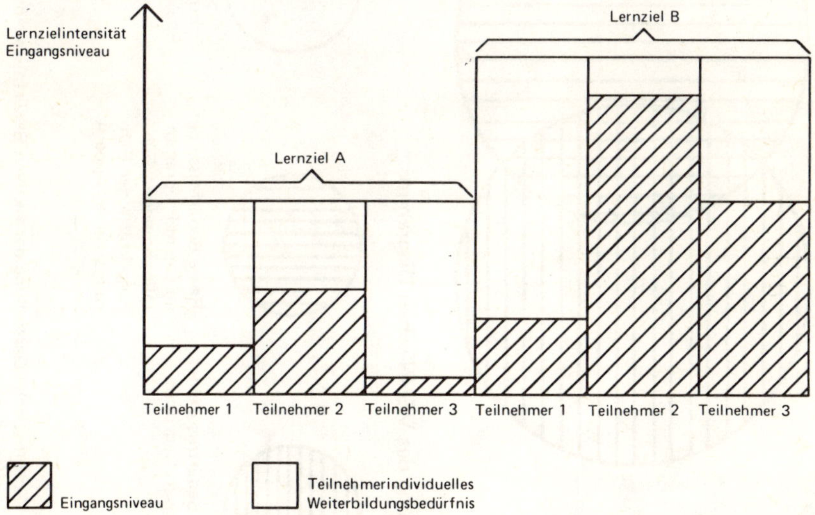

Abb. 4: Schematische Darstellung von teilnehmerindividuellen Weiterbildungsbedürfnissen

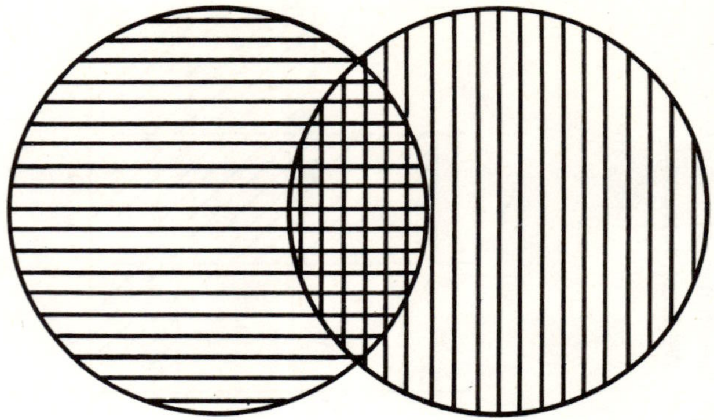

Erklärung des VENN'schen Diagramms

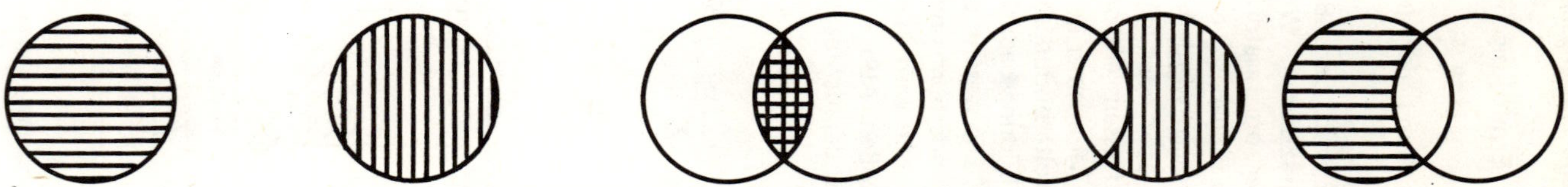

Fiktive Bedürfnisse einer Führungskräftegruppe

Reale Bedürfnisse der an einem Programm teilnehmenden Führungskräfte der Führungskräftegruppe A

Fiktive Bedürfnisse = Reale Bedürfnisse

Unbefriedigte Bedürfnisse der an einem Programm teilnehmenden Führungskräfte am Ende des Seminars

Befriedigung von nicht vorhandenen Bedürfnissen oder schon befriedigte Bedürfnisse des Teilnehmerkreises

Abb. 5: Schematische Darstellung der fiktiven Bedürfnisse einer Führungskräftegruppe und der an einem Programm teilnehmenden Führungskräfte

Während im eben geschilderten Beispiel von Lernzielen bei einem realen Teilnehmerkreis ausgegangen wurde, gehen Programmplaner sehr häufig von einem fiktiven Teilnehmerkreis aus – Produktmanager, langfristige Unternehmensplaner – und bestimmen die Lernziele. Diese Lernziele decken sich selten mit den realen Anforderungen der am Seminar teilnehmenden Führungskräfte, wie Abb. 5 schematisch darstellt.

Daraus ergibt sich zwingend, daß teilnehmerindividuelle Weiterbildungsbedürfnisse vor der Programmplanung und dem Seminarbeginn erfaßt werden müssen. Es genügt nicht, eine Homogenisierung des Teilnehmerkreises und damit auch der Weiterbildungsbedürfnisse über Zulassungsvoraussetzungen anzustreben. Unsere Erfahrungen in dieser Hinsicht haben uns überzeugt, daß selbst noch so scharf gefaßte Zulassungskriterien zu Unterschieden bei den teilnehmerindividuellen Weiterbildungsbedürfnissen führen. Wir treten deshalb dafür ein, daß die bestehenden Zulassungsmechanismen zu Bedürfniserfassungsmechanismen umfunktioniert werden sollten, um relevante Daten für die Unterrichtsgestaltung zu erhalten.

2.4.2 Wege zur Ermittlung von teilnehmerindividuellen Weiterbildungsbedürfnissen

Nach dem Warum möchten wir uns nun dem Wie der Ermittlung von teilnehmerindividuellen Weiterbildungsbedürfnissen zuwenden und einige Möglichkeiten aufzeigen, mit denen wir „experimentiert" haben.

2.4.2.1 Bedürfniserfassung durch vorgegebene Lernzielkataloge

Die Bedürfniserfassung durch vorgegebene Lernzielkataloge erlaubt nicht, die teilnehmerindividuellen Weiterbildungsbedürfnisse exakt zu ermitteln, sondern ermöglicht nur eine gradmäßige Einstufung. Gleichwohl haben wir die Erfahrung gemacht, daß sich daraus wesentliche Informationen für die Programmplanung gewinnen lassen.

Wir setzen diese Art der Bedürfniserfassung in Form eines sehr detaillierten Lernzielkatalogs ein, bei dem jedes einzelne Lernziel vom Teilnehmer entsprechend seinem Eingangsniveau auf einer 7-Punkte-Skala bewertet wird. Abb. 6 (Seite 36) stellt einen Auszug eines derartigen Lernzielkatalogs in einem betriebspädagogischen Seminar dar. Dieser Lernzielkatalog muß mit dem Teilnehmerkreis besprochen werden, damit keine semantischen und begriffsinhaltlichen Unklarheiten bestehen. Wird der Lernzielkatalog dem

Teilnehmerkreis ohne erklärende Interpretation zugesandt, sind die Daten für die Programmplanung wertlos. Unsere Erfahrungen haben uns gezeigt, daß Teilnehmer häufig einzelne Lernziele voll beherrschen, ohne allerdings den entsprechenden Begriff dafür zu kennen. Aus diesem Grund haben wir uns entschlossen, Lernzielkataloge nur noch mündlich zu besprechen.

	1			4			7
1. Formulieren von Lernzielen, ausgedrückt in Kategorien des Endverhaltens der Teilnehmer							
8. Analyse des Führungsstils der Teilnehmer in Arbeitsgruppen							
10. Verwendung der Gruppenprozeßanalyse							
12. Einsatz der Fallmethode mit strukturiertem Lösungsschema							
25. Einsatz einer kraftfeldanalytischen Problemlösungs-Übung als Lerntransfer-Übung							

1 = keine Kenntnisse 7 = umfangreiche Kenntnisse

Abb. 6: Auszug aus einem Lernzielkatalog eines betriebspädagogischen Seminars zur Ermittlung von teilnehmerindividuellen Weiterbildungsbedürfnissen

Da wir für eine Integration von kognitivem und affektivem Lernen eintreten, geben wir den Teilnehmern auch einen affektiven und interpersonellen Lernzielkatalog, damit sie das Seminar als soziales Lernlaboratorium verwenden können. Dieser Katalog ist eine umfangreiche Auflistung von Verhalten und Fähigkeiten aus dem Bereich der Beobachtung, Kommunikation, Problemlösung, Gruppenerhaltung etc. Abb. 7 (Seite 37) enthält einen Auszug von gruppendynamischen Lernzielen, bei denen der Teilnehmer Weiterbildungsbedürfnisse empfindet und sie im Verlauf des Seminars auf der Grundlage des erfahrungsorientierten Lernmodells befriedigen möchte. Dabei wird ein Teilnehmerkollege als Feedback-Quelle in den Lernprozeß einbezogen. Wir werden die Idee der Lernpartnerschaft später noch etwas näher ausführen.

A. Gehen Sie die einzelnen interpersonellen Aktivitäten durch und markieren Sie für sich, mit welchen Sie gegenwärtig zufrieden sind, welche Aktivitäten Sie erweitern und welche Sie etwas reduzieren wollen.

B. Die nachstehende Aufstellung mag nicht alle Aktivitäten enthalten, die Sie in den einzelnen Hauptgruppen für wesentlich erachten. Zögern Sie nicht, neue Aktivitäten aufzuführen und für sie die notwendige Spalte zu markieren.

C. Wenn Sie die ganze Liste von Aktivitäten durchgegangen sind und die für Sie zutreffende Spalte markiert haben, werden Sie gebeten, 2 oder 3 Aktivitäten herauszugreifen, die Sie in der Gruppenarbeit während des Seminars ändern wollen.

D. Sprechen Sie mit Ihrem Lernpartner Ihre Ziele durch und diskutieren Sie mit ihm ihre täglichen Lernfortschritte in der abendlichen Feedbacksitzung.

Interpersonelle Fähigkeiten

	Zufrieden	Erweitern	Reduzierer
1. Bemerken, wer im Gespräch ausgelassen wird			
4. Aufmerksam zuhören			
9. Bemerken, welche Reaktionen die anderen in der Gruppe auf meine Wortmeldungen haben			
13. Andere in das Gespräch hineinbringen			
15. Lob und Anerkennung aussprechen			
21. Fähig sein, Schweigen in der Gruppe zu ertragen			

Abb. 7: Auszug aus einem gruppendynamischen Lernzielkatalog

2.4.2.2 Bedürfniserfassung durch gegenseitiges Teilnehmerinterview

Wir haben in der Erwachsenenbildung verschiedentlich die Idee der Lernpartnerschaft verwandt und bei den Teilnehmern große Resonanz vorgefunden. Dabei haben wir mit Lernpartnerschaften gearbeitet, deren Zusammensetzung während des Kurses gleich bleibt und mit der Spielart, bei der die Teilnehmerzusammensetzung nach einiger Zeit wechselt.

Mit partnerschaftlichem Lernen wird eine Institutionalisierung der formativen Evaluierung angestrebt, die aufgrund eines benützten Lerntagebuchs zu bestimmten Zeitpunkten während des Seminars vorgenommen wird. Im Rahmen der Lernpartnerschaft werden die Teilnehmer gebeten, sich gegenseitig zu interviewen und im Wechselgespräch ihre Weiterbildungsbedürfnisse aufzudecken. Wir gingen ursprünglich davon aus, daß die Durchführung eines Interviews bei Führungskräften reibungslos und ohne Schwierigkeiten erfolgt, zumal das Interview in der Form des Beurteilungsgesprächs mit Untergebenen und im Rollentausch mit Vorgesetzten zum essentiellen Rüstzeug einer Führungskraft gehört. Unsere Erfahrungen haben uns das Gegenteil gelehrt, so daß wir jetzt die Teilnehmer vorher in der Durchführung eines Interviews unterweisen.

2.4.2.3 Bedürfniserfassung durch strukturierte Rollenanalyse

Bei diesem Vorgehen der Bedürfniserfassung versetzen wir die Teilnehmer in die Situation, ihre Funktion und Rolle im Unternehmen kritisch zu überprüfen. Strukturierte Rollenanalyse bedeutet in diesem Zusammenhang, daß wir den Teilnehmern gewisse Anhaltspunkte geben, wie sie ihre Funktion zweckmäßig überprüfen können.

Im einzelnen durchläuft diese Methode der Bedürfniserfassung die folgenden Stufen. Wir orientieren uns dabei wieder an dem schon zitierten Beispiel eines betriebspädagogischen Seminars.

1) In einer Art Brainstorming mit der gesamten Gruppe oder in Kleingruppen werden mögliche Funktionen eines Betriebspädagogen aufgelistet, die den Teilnehmern eine gewisse Hilfestellung für ihre Funktionsanalyse geben sollen. Diese Stufe hatten wir ursprünglich nicht vorgesehen. Nachdem wir allerdings feststellten, wie wenig die meisten Teilnehmer in der Lage sind, eine Funktionsauflistung ihrer Tätigkeit innerhalb einer bestimmten Zeit durchzuführen, haben wir diese Stufe eingeführt.

2) Die Teilnehmer werden nunmehr gebeten, aus den als Denkanstoß dienenden allgemeinen Funktionen ein Funktionsbild ihrer betriebspädagogischen Tätigkeit zu entwerfen, das möglichst detailliert die einzelnen Funktionen wiedergibt.

3) Nach Auflistung aller Funktionen werden die Teilnehmer gebeten, unter Zuhilfenahme einer Skalierung von 1 bis 5 ihr Funktionsprofil zu markieren, indem sie jeder Funktion eine Bedeutungsziffer (1 = sehr große Bedeutung, 2 = ziemlich große Bedeutung etc.) zuordnen, die ihrer gegenwärtigen Aufgabendurchführung entspricht.

4) In der vierten Stufe werden die Teilnehmer gebeten, alle Faktoren aufzuführen, die eine Auswirkung auf ihre zukünftige Aufgabendurchführung in ihrem Unternehmen haben.

5) Die Teilnehmer gehen sodann sämtliche Faktoren durch und numerieren sie nach ihrer Bedeutung.

6) Die Teilnehmer gehen ihr schon erstelltes Funktionsbild durch, ergänzen es, wenn sich durch das Auftreten bestimmter Faktoren das Tätigkeitsbild in der Zukunft qualitativ verschiebt und markieren durch die Zuordnung einer neuen Bedeutungsziffer, wie das Funktionsbild für die zukünftige Aufgabendurchführung aussieht.

7) Die Teilnehmer werden nunmehr gebeten, die Unterschiede bei den Funktionen hinsichtlich der zugeordneten Bedeutungsziffern durchzugehen und diejenigen Funktionen zu nennen, bei denen sie glauben, daß ihr gegenwärtiges Könnensniveau nicht ausreicht.

8) Schließlich läßt sich daraus eine prioritätische Liste von teilnehmerindividuellen Weiterbildungsbedürfnissen erstellen, indem die Teilnehmer die Reihenfolge ihres fehlenden Könnens selbst bestimmen.

Die Bedürfniserfassung durch strukturierte Rollenanalyse fußt konzeptionell auf der sozialpsychologischen Kraftfeldtheorie, insbesondere auf der Kraftfeldanalyse von *Kurt Lewin.*[63] [64]

2.4.2.4 Bedürfniserfassung durch eine Problemidentifizierungs-Übung

Wir haben häufig bei Veranstaltungen die Erfahrung gemacht, daß Teilnehmer während eines Seminars mit Problemen an uns herantraten. Dabei lassen sich die Fragesteller nach der Absicht, ihr(e) Problem(e) zu nennen, in eine der folgenden Kategorien einordnen:

1. Durch das vorgebrachte Problem soll lediglich Aufmerksamkeit hervorgerufen oder ein Führungsanspruch im Seminar angemeldet werden. Die Nennung des Problems ist ein gruppendynamisches, manchmal sogar ein rein individualpsychologisches Phänomen.

63 Vgl. *Lewin, Kurt:* Quasi-Stationary Social Equilibria and the Problem of Permanent Change, in: *Margulies, Newton, Raia, Anthony P.* (Hrsg.): Organizational Development. Values Process and Technology, New York (McGraw-Hill) 1972, S. 65 ff.

64 Vgl. auch *Summer, Charles E., O'Connell Jeremiah J.:* The Managerial Mind, 3. Aufl. Homewood (Richard D. Irwin) 1973, S. 665 ff.

2. Durch ein vorgebrachtes Problem will der Fragesteller zum Ausdruck bringen, daß das Seminar seine Bedürfnisse unbefriedigt läßt.
3. Durch ein vorgebrachtes Problem wird die negative Kritik am Seminar und/oder Seminarablauf ausgedrückt. Der Teilnehmer erwartet keine Hilfe.
4. Durch ein vorgebrachtes Problem will der Teilnehmer den Seminarleiter als Fachmann für eine mögliche Lösung heranziehen.

Während die Probleme der Kategorien 1 und 3 keine echten Teilnehmerbedürfnisse darstellen und lediglich eine gruppendynamische Intervention des Seminarleiters verlangen, sind die übrigen beiden Problemkategorien echte Indikatoren dafür, daß das Seminar die teilnehmerindividuellen Weiterbildungsbedürfnisse vernachlässigt hat.

Um diese Situation zu verhindern, haben wir mit der von *Maier*[65] entwickelten „Problem-Posting"-Übung experimentiert und dabei gute Erfahrungen gemacht. *Maier* hat diese Übung lediglich für die Diskussionsleitung empfohlen. Es gibt aber keinen Grund, sie nicht am Beginn eines Seminars zur Erfassung der teilnehmer-individuellen Weiterbildungsbedürfnisse einzusetzen.

1. Zu Beginn eines Seminars bittet der Seminarleiter jeden Teilnehmer, das Problem zu nennen, bei dem er im Rahmen des Seminarthemas das größte Weiterbildungsbedürfnis empfindet.
2. Sämtliche Probleme werden auf Flip Charts festgehalten, die anschließend an den Wänden des Seminarraums aufgehängt werden. Diese Form des Displays von Problemen des Teilnehmerkreises hat wesentliche Funktionen:
   - Der Teilnehmer wird motiviert;
   - das Problem wird legitimiert und verliert seinen Schrecken, insbesondere dann, wenn der Teilnehmer bemerkt, daß einige andere Teilnehmerkollegen gleiche oder ähnliche Probleme haben;
   - damit hängt zusammen, daß über das „Wir-Erlebnis" ein gruppendynamischer Prozeß eingeleitet wird und gruppen- und subgruppenbildende Wirkung hat;
   - die Flip Charts übernehmen eine seminarsteuernde Funktion, indem Themenkreise während des Seminarablaufs auf ihre Relevanz hinsichtlich der Probleme überprüft werden können;

65 Vgl. im einzelnen *Maier, Norman R.F.:* Principles of Human Relations, New York (John Wiley) 1952, S. 83 ff.

3. Sämtliche Teilnehmer bekommen eine kopierte Liste der Probleme. Jedes Problem wird mit einer Skalierung versehen, in die die Teilnehmer ihre Bewertung der einzelnen größeren Themenkreise hinsichtlich ihres Beitrags zur Lösung der genannten Probleme eintragen;
4. Im Anschluß an jeden größeren abgeschlossenen Themenkreis werden die einzelnen Bewertungen mit der Gruppe besprochen.

Diese Übung hat neben der Problemidentifizierung auch den Charakter eines formativen Evaluierungsinstruments und trägt so wesentlich dazu bei, daß Bedürfnisse nicht nur eruiert werden, sondern daß das Seminar zu verschiedenen Zeitpunkten auf ihre Befriedigung ausgerichtet wird.

2.4.2.5 Bedürfniserfassung durch einen strukturierten Gruppenprozeß

Delbecq/van de Ven[66] haben ein Modell eines strukturierten Gruppenprozesses zur Problemidentifizierung erarbeitet. Obwohl das Modell ursprünglich nicht für Weiter- und Fortbildungsprogramme bestimmt war, haben wir mit einer Gruppe von Teilnehmern die erste Phase des nominalen Gruppenprozesses verwandt und eine breite Palette von Problemen erhalten, die für die Planung des Seminars herangezogen werden konnten.

Der nominale Gruppenprozeß enthält die folgenden Strukturierungselemente:

1. Jeder Teilnehmer erarbeitet zunächst für sich, allerdings in Anwesenheit der übrigen Teilnehmer in der Gruppe, seine Weiterbildungsbedürfnisse. Diese Arbeitsweise des „Jeder für sich in einer Gruppe ohne Interaktion" wird mit nominal umschrieben. Empirische Forschungen haben in der Phase der Problemidentifizierung (und damit auch in der Phase der Erfassung der Weiterbildungsbedürfnisse) die Überlegenheit der nominalen gegenüber der interaktionalen Arbeitsgruppe nachgewiesen.[67]
2. Nachdem die Teilnehmer ihre einzelnen Weiterbildungsbedürfnisse erarbeitet haben, werden auf Flip Charts sämtliche Weiterbildungsbedürfnisse des Teilnehmerkreises festgehalten. Die verwandte Aufzeichnungstechnik, die reihum jedem Teilnehmer jeweils nur die Nennung eines Weiterbildungsbedürfnisses zuläßt, schließt semantische Abklärungen und Interaktionen in der Gruppe aus. Jedes Weiterbildungsbedürfnis wird so aufge-

66 *Delbecq, Andre L., Van de Ven, Andrew H.:* A Group Process Model for Problem Identification and Programm Planning, in: Journal of Applied Behavioral Science, Band 7, Heft 4/1971, S. 466 ff.

67 *Van de Ven, Andrew H., Delbecq, Andrew L.:* Nominal versus Interacting Group Processes for Committee Decison-Marking Effectiveness, in: Academy of Management Journal, Band 14, Heft 2/1971, S. 203 ff.

schrieben, wie es von dem Teilnehmer genannt wird. Diese Technik erlaubt, daß Teilnehmer, die eine sichere Persönlichkeit und eine ausgeprägtere Neigung zur Risikoübernahme haben, eher ihre entdeckten Weiterbildungsbedürfnisse nennen und es damit auch den anderen Teilnehmern – wie wir aus der Gruppendynamik wissen – leichter machen, ihre Weiterbildungsbedürfnisse auszusprechen. Die auferlegte Reihenfolge vermeidet die häufig bei Interaktionsgruppen zu beobachtende Monopolisierung durch rhetorisch flexible Teilnehmer.

3. Im Anschluß an die Aufzeichnung werden nun die einzelnen Weiterbildungsbedürfnisse diskutiert und semantische und begriffsinhaltliche Klärungen vorgenommen.

Der nominale Gruppenprozeß hat Ähnlichkeit mit der von *Maier* entwickelten „Problem-Posting"-Übung. Er ist jedoch stärker strukturiert und kann mit Teilnehmergruppen parallel zu der „Problem-Posting"-Übung von *Maier* eingesetzt werden.

2.4.2.6 Bedürfniserfassung durch Sammlung von kritischen Vorfällen

Eine weitere Methode der Bedürfniserfassung beruht auf dem von *Flanagan*[68] für Luftwaffenpiloten entwickelten Verfahren, das – sehr vereinfacht ausgedrückt – darin besteht, daß kritische Vorfälle und Ereignisse des Teilnehmers an seinem Arbeitsplatz systematisch gesammelt werden und sodann den Ausgangspunkt für ein Weiterbildungsprogramm bilden. An einem praktischen Fall, einem Weiterbildungsprogramm für Ehefrauen internationaler Führungskräfte, soll diese Methode demonstriert werden.

Empirische Untersuchungen sowie Beobachtungen und Gespräche mit Familienangehörigen internationaler Führungskräfte lassen die Folgerung zu, daß Anpassungsschwierigkeiten von Ehefrauen im Gastland die Leistungsfähigkeit eines internationalen Managers beeinträchtigen. Wird die Weiterbildung nur auf den Mann ausgerichtet, können zwar seine Führungsfähigkeiten verbessert, sein Führungswissen erweitert und sein Führungsverhalten modifiziert werden. Er sieht sich aber zur gleichen Zeit zunehmenden Spannungen in seiner Familie ausgesetzt, die an seinem 'Wachstumsprozeß' nicht teilgenommen hat. Wir plädieren deshalb dafür, daß in der internationalen Führungskräfte-Schulung an die Stelle der Führungskraft als Weiterbildungsobjekt die Familien treten, zumindest aber der Ehepartner eingeschlossen werden muß.[69]

68 Vgl. *Flanagan, John C.:* The Critical Incident Technique, in: Psychological Bulletin, Band 51, Heft 4/1954, S. 327 ff.

69 Obwohl die Zahl der weiblichen internationalen Führungskräfte gegenwärtig noch sehr gering ist, werden wir in Zukunft auch in diesem Bereich eine Situation vor-

Wir gehen davon aus, daß die Teilnehmerinnen sowohl über positive als auch negative Erfahrungen verfügen. Bei der Sammlung der kritischen Vorfälle versuchen wir die Teilnehmerinnen dadurch zu unterstützen, daß wir sie an bestimmte Erfahrungssituationen erinnern.

Beispiel:

- Denken Sie an den ersten Tag im Gastland, als Ihr Mann seine Tätigkeit aufnahm.
- Versuchen Sie sich an Ihren letzten Ärger mit den Vorschriften Ihres Gastlandes zu erinnern.

Die Teilnehmerinnen werden gebeten, jeweils kurz zu schildern, welcher Vorfall oder welche Vorfälle eintraten, was dazu führte und wie ihrer Ansicht nach die Situation hätte verhindert werden können. Eine anschließende Inhaltsanalyse[70] isoliert die zugrundeliegenden Probleme und baut das Programm darauf auf.

2.4.3 Teilnehmer-Orientierung als Prinzip der Programmplanung

Wir haben verschiedene Wege erörtert, wie teilnehmerindividuelle Weiterbildungsbedürfnisse ermittelt und der Programmplanung zur Verfügung gestellt werden können. Die einzelnen Möglichkeiten unterscheiden sich in der Genauigkeit der Bedürfnisermittlung, ihres Arbeitsumfangs und Zeitaufwands. Neben unseren erprobten Möglichkeiten gibt es noch andere Methoden, die wir allerdings für weniger relevant halten.[71] Sämtliche Möglichkeiten zur Ermittlung von teilnehmerindividuellen Weiterbildungsbedürfnissen haben gemeinsam, daß sie der Programmplanung realistische Inputdaten zur Verfügung stellen wollen, um die durchzuführenden Veranstaltungen für die Teilnehmer effizienter zu machen.

Die Planung von Veranstaltungen auf der Grundlage teilnehmerindividueller Weiterbildungsbedürfnisse hat aber auch einen weiterbildungsphiloso-

finden, daß Frauen internationale Positionen übernehmen werden. Die entsprechend für dargelegte Konzeption dann notwendigen Begleitprogramme für Ehemänner mögen heute noch wie Utopie anmuten.

70 Zur Methodologie der Inhaltsanalyse siehe *Atteslander, Peter:* Methoden der empirischen Sozialforschung, Sammlung Göschen, Band 1229/1229a, Berlin 1969, S. 46 ff.

71 Vgl. dazu im einzelnen *Johnson, Richard B.:* Determining Training Needs, in: *Craig, Robert L., Bittel, Lester R.* (Hrsg.): Training and Development Handbook, New York (McGraw-Hill) 1967, S. 16 ff.

phischen Gehalt, da dem Teilnehmer eine zentrale Rolle zuerkannt wird. Diese Orientierung tritt an die Stelle der konventionellen Programmplanung in der Erwachsenenbildung und der Management-Andragogik, wo dem Lehrer und seiner Expertise die überragende Bedeutung eingeräumt wurde. Weiterbilden heißt nicht mehr, dem Teilnehmer 'interessante Lehrinhalte' vorzusetzen, sondern weiterbilden heißt in unserem Sinne, den Teilnehmer zur Ermittlung seiner Bedürfnisse zu aktivieren und ihm darin Hilfestellung zu geben, wenn und wie er sie befriedigen möchte.

3. Wie werden Weiterbildungsprogramme geplant?

3.1 Prinzipien und zehn Gebote der Programmplanung

1) Prinzip der Mehrphasigkeit

Pädagogische Änderungsprozesse können nach unserer Fortbildungsphilosophie nicht als einphasige Prozesse verstanden werden. Vielmehr bedarf es dreier grundsätzlicher Phasen in der Planung eines jeden Programms, um kognitive, affektive und psychomotorische Änderungen für ein geändertes Leistungsverhalten der Teilnehmer auszulösen. Wir haben einige wesentliche Aktivitäten des Programmplaners in den einzelnen Phasen zusammengestellt:

Phasen	Aktivitäten des Programmplaners
Phase vor dem eigentlichen Fortbildungsprogramm	– Bedürfnis- und Lernintensitätsgradermittlung – Ermittlung der teilnehmerindividuellen Merkmale für den Unterricht – Tutoriale Betreuung – Kontaktaufnahme mit den Vorgesetzten der Teilnehmer zur teilweisen Freistellung von Tätigkeiten zwecks Fortbildungsvorbereitung – Kurztreffen mit einzelnen Teilnehmergruppen
Eigentliche Fortbildungsphase	– Bereitstellung von Lerninstrumenten – Bereitstellung der formativen Evaluierungsinstrumente für die Lerngemeinschaft – Pädagogische Prozeßentscheidungen für die Berücksichtigung teilnehmerindividueller Merkmale – Summative Evaluierung des Programms
Phase nach dem eigentlichen Fortbildungsprogramm	– Schaffung eines innovationsfördernden Klimas durch Information der Kontaktpersonen (Vorgesetzter und Kollegen) des Teilnehmers über seine Lernerfolge – Periodische Kontaktaufnahme mit den ehemaligen Teilnehmern – „Follow-up"-Seminare

Tab. 1: Wesentliche Aktivitäten in der mehrphasigen Programmplanung

2) Prinzip der responsiven Lernorganisation

Das Prinzip der responsiven Lernorganisation bedeutet, daß die Programmgestaltung dem Teilnehmer in seinem Lernprozeß in jeder Weise entgegenkommt. *Moore/Anderson* stellen dafür die folgenden Anforderungen auf:

„– It permits the learner to explore freely, thus giving him a chance to discover a problem.

– It informs the learner immediately about the consequences of his actions . . .

– It is self-pacing, i.e. events happen within the environment at a rate largely determined by the learner . . .

– It permits the learner to make full use of his capacity for discovering relations of various kinds . . .

– It is so structured that the learner is likely to make a series of interconnected discoveries . . . [72]

Diese Form von Lernorganisation verlangt eine sehr flexible Grundhaltung des Programmplaners, die dem starren Ablaufschema in der gegenwärtig noch üblichen Programmplanung der Praxis diametral entgegengesetzt ist.[73]

3) Prinzip der Reiteration

Unsere Fortbildungsphilosophie führt zu einer reiterativen Programmplanungssequenz, die an Stelle der in der Fortbildungspraxis üblichen gradlinigen Programmplanungssequenz verschiedene Rückkoppelungsschleifen enthält und gleichsam eine Folge des Prinzips der responsiven Lernorganisation ist.

Ein Fortbildungsprogramm wird in unserem Sinne nicht mehr abschließend geplant und dann mit der Teilnehmereinladung begonnen, sondern jede Programmgestaltungsentscheidung ist vorläufiger Natur und wird im Lichte der teilnehmerindividuellen Merkmale, der formativen Evaluierungsdaten und der Daten aus der Steuerungsevaluierung ständig überprüft und korrigiert.

4) Prinzip der realen Bedürfnisermittlung

Das Prinzip der realen Bedürfnisermittlung besagt, daß sich die Programmgestaltung an den Bedürfnissen der in einem Programm teilnehmenden Führungskräfte orientieren muß und nicht auf fiktive Bedürfnisse der Führungs-

72 *Moore, Omar Khayyan, Anderson,* Alan R.: a.a.O., S. 590.

73 Vgl. zum gesamten Fragenkreis auch *Hunt, David E.:* Matching Models in Education, Toronto 1971, S. 7 ff.

kräfte ausgerichtet sein soll. Programme, die sich an den Bedürfnissen einer Führungskräftekategorie orientieren, decken in der Regel zwar auch einen Teil der realen Bedürfnisse der an einem Seminar teilnehmenden Führungskräfte ab, sie lassen aber auch einen mehr oder weniger großen Bedürfnisbereich der Teilnehmer unbefriedigt, wie unser Venn'sches Diagramm (Seite 34) zeigt. Wird die Programmgestaltung auf der Grundlage der realen Bedürfnisermittlung vorgenommen, bleiben auf der einen Seite keine Teilnehmerbedürfnisse unbefriedigt und werden andererseits auch keine Ressourcen vergeudet. (Genau genommen sind teilnehmerindividuelle Bedürfnisse eine Differenzgröße zwischen Lernziel und Eingangsniveau.)

5) Prinzip der partizipativen Programmgestaltung

Schließlich wird verlangt, daß Programme partizipativ geplant werden. Wir halten es für einen unerklärlichen Anachronismus, daß ein Programmplaner Lernsituationen für die Unterrichtsbeteiligten plant, quasi Fortbildung „verschreibt", ohne beide Gruppen, Dozenten und Teilnehmer, in seine Programmplanung einzuschalten. Dabei muß die Partizipation der am Unterricht beteiligten Interessengruppen dort enden, wo auch ihre Verantwortung aufhört. Wir treten dafür ein, daß ein Teilnehmer einer Fortbildungsveranstaltung ein Recht und eine Pflicht hat, bei seiner Fortbildung mitzubestimmen. Denn nur so kann erreicht werden, daß ein Mitarbeiter einer Organisation aus seiner unmündigen und abhängigen Rolle als Lernender befreit wird.

6) Prinzip der Verbindung der Lernzielbereiche

Der Grundsatz der Verbindung der Lernzielbereiche geht von der Annahme aus, daß die Weiterbildung als

– Vermehrung des *Wissens*

– Änderung des *Verhaltens* und als

– Entwicklung von *Fähigkeiten*

konzipiert sein muß. Die Weiterbildung nur auf einen Lernzielbereich abzustellen, erscheint unvollständig.

Nun werden die meisten Teilnehmer darin übereinstimmen, daß kognitive Prozesse nicht ohne emotionale Prozesse ablaufen. Dasselbe gilt im umgekehrten Fall: Affektives Lernen wird von kognitiven Prozessen begleitet. Dazu auch *Piaget*: „Es besteht eine sehr enge Parallele zwischen der affektiven Entwicklung und der Entwicklung von intellektuellen Funktionen, denn sie sind beide untrennbare Aspekte eines jeden Handelns . . . Es gibt nie eine reine intellektuelle Handlung und ‚. . . gleicherweise gibt es keine ausschließlich affektive Handlung . . .'"[74]

(Fußnote 74 s. Seite 48)

Die enge Verbindung von kognitivem und affektivem Lernen hat zur Folge, daß die Entwicklung in beiden Lernziel-Bereichen akzeptiert wird und Bestandteil der Weiterbildung sein muß. Denn die Betonung nur eines Lernzielbereichs ist für das Lernen der Teilnehmer unergiebig.

Der Grundsatz der Verbindung der Lernzielbereiche führt dazu, daß in der Weiterbildung bei primär affektivem Lernen eine *kognitive Abstützung* erfolgt und kognitives Lernen in der Weiterbildung von einer *Aufbereitung des Prozesses* in der Großgruppe und in den Kleingruppen begleitet wird.

7) Prinzip der Aktivierung der Lernvergangenheit

Das Prinzip der Aktivierung der Lernvergangenheit gehört ebenso wie die der Verbindung der Lernzielbereiche zum Konzept des ganzheitlichen Lernens eines Teilnehmers. Abb. 8 stellt noch einmal den Zusammenhang der beiden Grundsätze dar.

	Wissen	Verhalten	Fähigkeiten
Neues Lernen	1	2	3
Bestätigung und Verstärkung richtiger Lernbestände	4	5	6
Ausmerzen und Löschen fehlerhafter Lernbestände	7	8	9

Grundsatz der Aktivierung der Lernvergangenheit

Grundsatz der Verbindung der Lernzielbereiche

Abb. 8.: System von Lernzielbereichen in der Weiterbildung

Der Grundsatz der Aktivierung der Lernvergangenheit hat zwei Erscheinungsformen: einmal die Aktivierung der *materiellen Lernvergangenheit*, zum anderen als Aktivierung der *formalen Lernvergangenheit*. Zunächst zum Grundsatz der Aktivierung der materiellen Lernvergangenheit. Er geht davon aus, daß bei den Teilnehmern in den allermeisten Lehrgebieten schon gewisse Vorstellungen und Ideen vorhanden sind. Dabei ist es unwesentlich, ob diese ihre Vorstellungen und Ideen zu Recht bestehen. Vielmehr ist es wesent-

74 *Piaget, Jean:* Six psychological studies, New York 1967, zitiert bei *Williams, Frank E.:* Models for enconraging Creativity in the Classroom by integrating cognitive-affective Behaviors, in: Educational Technology, 9. Jg., Heft 12/1969, S. 9

lich, *daß* sie bestehen und *daß* sie im Betrieb hervorgebracht werden müssen, bevor die Teilnehmer neue Lehrinhalte erwerben. Wenn der vorhandene Lernbestand an Wissen, Verhalten und Fähigkeiten nicht an die Oberfläche gebracht wird, ergibt sich eine Art Schichtenbildung, die dazu führt, daß die alten Lernbestände die Lernerfolge von der besuchten Weiterbildungs-Veranstaltung verdrängen, wenn die Teilnehmer in ihren Arbeitsbereich zurückkehren.

8) Prinzip der Individualisierung

Das Prinzip der Individualisierung in der Programmplanung geht davon aus, daß nicht der einzelne Teilnehmer einer Lernsituation, sondern die Lernsituation dem einzelnen anzupassen ist. Der Grundsatz der Individualisierung ersetzt das bislang noch häufig praktizierte „Geleitzugprinzip"[75], das den gesamten Teilnehmerkreis in geschlossener Formation zu den angestrebten Lernzielen führen möchte.

Praxiserfahrene Schulmanager zeichnen sich durch Unterschiede im Lernstil, in der Art der Vorbildung und ihrer Lerngeschwindigkeit, ihrem Erfahrungsschatz und ihrer Erfahrungsintensität in den „Funktionen des Schulmanagement"[76] aus. Zwei Rektoren, die beide an einer gleich großen Gesamtschule sind und ähnlichen Problemen in ihrem Arbeitsbereich gegenüberstehen, lernen unter Umständen völlig unterschiedlich, mit der Folge, daß bei der

- Wahl der Lernziele
- Wahl des Lernmaterials
- Wahl der Lernstrategie
- Wahl der Lehrmethoden
- Wahl der Zusammenarbeit eines Teilnehmers mit den Teilnehmerkollegen und dem Dozenten
- Wahl der Lerngeschwindigkeit

eine Individualisierung erfolgen muß.

9) Prinzip des sanktionsfreien Lernens

Das Prinzip des sanktionsfreien Lernens bedeutet, daß die Evaluierung in der Weiterbildung als Lernhilfe konzipiert sein muß und Lernerfolge der Teilnehmer nicht mit Sanktionen zu verbinden sind. Praxiserfahrene Führungskräfte sind eben keine *Skinner*-Tauben, die für positives Lernverhalten belohnt und für negatives Lernverhalten bestraft werden müssen, sondern sie haben Interessen und Bedürfnisse, die durch das Lernen befriedigt werden.

75 *Sader, M., Clemens-Lodde, B., Keil-Specht, H., Weingarten, A.:* Kleine Fibel zum Hochschulunterricht, 2. Auflage, München 1971, S. 26.

76 Vgl. dazu im einzelnen *Braune, Gerhard:* Management-Methoden in der Schule, in: Schulmanagement, Heft 3/1973, S. 57 ff.

Die Teilnehmer in der Weiterbildung lernen nicht, weil sie eine Evaluierungshürde überspringen müssen, sondern sie sind von sich aus motiviert. Evaluierungsdaten müssen deshalb in erster Linie als Lernfortschrittsdaten an die Teilnehmer rückgekoppelt werden (formative Evaluierung) und erst in zweiter Linie als erreichter Lernerfolg am Ende der Veranstaltung (summative Evaluierung). Die Forderung der Sanktionsfreiheit des Lernens wird dabei insbesondere durch das „autotelische Prinzip"[77] bestimmt, das besagt, daß der Teilnehmer im Lernprozeß seine volle Lernpersönlichkeit entfalten und experimentieren kann, ohne Konsequenzen für sein Handeln befürchten zu müssen.

10) Prinzip der Unterstützung der Teilnehmer im Lerntransfer

Bildungsprogramme streben am Ende der Veranstaltung beim Teilnehmer nicht nur einen Lernzuwachs an, er will diesen Lernzuwachs auch in seinen Arbeitsbereich übertragen und dauerhaft in ein verändertes Verhalten integrieren. Maßgebend ist somit nicht, ob der Teilnehmer einen Lernerfolg erworben hat, sondern ob er diesen Lernerfolg in seinen Arbeitsbereich umsetzen konnte. Da sich diesem Umsetzungsprozeß aber verschiedene Hindernisse entgegenstellen, muß ein Programm mit bestimmten Lerntransfer-Strategien[78] ausgestattet sein, die den Teilnehmer im Transfer seiner Lernerfolge unterstützen.

Neben der Lerntransfer-Unterstützung während der Veranstaltung geht der obige Grundsatz davon aus, daß auch nach Abschluß der Weiterbildung die Teilnehmer in Transferproblemen unterstützt werden. Die dargestellten Prinzipien der Programmplanung sind die Basis für effiziente Weiterbildungsveranstaltungen und tragen zur Realisierung von Lernerfolgen und Transfererfolgen bei. Sie erlauben aber nicht nur eine Realisierung der lehrinhaltlichen Ziele, sondern führen auch zur Ausprägung von Meta-Lernzielen, also zu Lernzielen, die bei den Teilnehmern neben den lehrinhaltlichen Zielen eintreten und primär durch die Art der Lernkultur des Programms verursacht werden. Unsere erörterten Grundsätze der Programmplanung bewirken eine Lernstruktur, in der der Teilnehmer eine dominierende Stellung einnimmt.

77 *Moore, O.K., Anderson, Alan R.:* Principles for the Desgn of clarifying Educational Environments, in: *Goslin, David* (Hrsg.): Handbook of Socialization Theory and Research, Chicago 1969, S. 588.

78 Vgl. dazu im einzelnen *Stiefel, Rolf Th.:* Learning Transfer Strategies in Management Training, in: Journal of European Training, 3. Jg., Heft 1/1974, S. 13 ff.

3.2 Lernziele und Meta-Lernziele

Lernen in der Management-Schulung findet im kognitiven, affektiven und psychomotorischen Lernbereich statt, also in den Bereichen, die normalerweise mit Führungswissen, Führungsverhalten und Führungsfähigkeiten bezeichnet werden.[79] Dies muß der Programmplaner bei der Lernzielfestlegung berücksichtigen.

Wir verstehen Lernen als Erwerb *neuer* kognitiver, affektiver und psychomotorischer Lehrinhalte, als *Bestätigung* und *Verstärkung* des schon vorhandenen richtigen Wissens, Verhaltens und von Fähigkeiten sowie als *Ausmerzen* und *Löschen* von fehlerhaftem Wissen, Verhalten und fehlerhaften Fähigkeiten.

Bei der Lernzielfestlegung in der Programmplanung müssen alle diese Lernzielbereiche bewußt einbezogen werden. Damit wird einer neueren Tendenz in der Andragogik[80] gefolgt, die die bislang sehr kognitive Orientierung durch eine mehr ganzheitliche Orientierung, gleichsam durch eine Einbeziehung der ganzen Person des Teilnehmers, ablösen möchte. In der Management-Schulung für Führungskräfte mit Wirtschaftserfahrung muß auch die Lernvergangenheit der Teilnehmer systematisch in den Lern- und Lehrprozeß einbezogen werden, weil sie die Lernstrategie des einzelnen nachhaltig beeinflußt.

In der Erwachsenenbildung lassen sich – vergleichbar mit *McGregors*[81] Idealtypen – zwei gegensätzliche Konzeptionen erkennen, genauso wie sich in einer sozialen Führungsentscheidung im Betrieb ein Theorie X- oder Theorie Y-Gehalt niederschlagen kann.

79 Während die Unterscheidung der drei Lernbereiche Führungswissen, Führungsverhalten und Führungsfähigkeiten auf *Summer* zurückgeht, werden neuerdings, gestützt auf neue Forschungsergebnisse, fünf Lernbereiche unterschieden. Siehe *Summer, Charles T.:* Factors in Effective Administration, New York 1956, und *Gagne, Robert M.:* Domains of learning, in: Interchange, 3. Jg., Heft 1/1972, S. 1 ff.

80 Die Andragogik hat sich als eigenständige Disziplin neben der Pädagogik entwickelt. Siehe das neuere Werk von *Knowles, Malcolm S.:* The Modern Practice of Adult Eduction, Andragogy versus Pedagogy, New York 1970.

81 *McGregor, Douglas:* The Human Side of Enterprise, New York 1960 (deutsche Ausgabe: Der Mensch im Unternehmen, Düsseldorf 1970).

McGregor ging für seine beiden Theorien von folgenden Annahmen aus:

Theorie X	Theorie Y
– Die Unternehmensleitung ist für die Organisation der Produktivfaktoren verantwortlich; – hinsichtlich der Mitarbeiter im Unternehmen wird davon ausgegangen, daß ihre Bemühungen gesteuert und kontrolliert werden müssen, um ihr Verhalten auf die organisatorischen Bedürfnisse und Ziele auszurichten; – ohne das aktive Eingreifen der Unternehmensleitung würden die Mitarbeiter passiv bleiben und sich nicht um die organisatorischen Bedürfnisse kümmern; – der durchschnittliche Mitarbeiter ist arbeitsunwillig, ihm mangelt es an Ehrgeiz, er ist verantwortungsscheu, Änderungen gegenüber unaufgeschlossen und möchte geführt und angeleitet werden.	– Mitarbeiter sind nicht von Natur aus passiv und den organisatorischen Bedürfnissen gegenüber aufgeschlossen; – Mitarbeiter sind motiviert und von Natur aus bereit, Verantwortung zu übernehmen; – Mitarbeiter haben persönliche Ziele, die mit den organisatorischen Zielen in Einklang stehen können; – Mitarbeiter brauchen nicht ständig kontrolliert zu werden, sondern die Kontrolle kann ihnen überlassen werden, wenn sie sich mit den angestrebten Zielen identifizieren.

Die Theorie X-Annahmen kennzeichnen Erwachsenenbildung, welche in der Art und Anordnung der pädagogischen Parameter dem klassischen Bildungswesen entspricht. Der Lehrer wird zum Dozent, die Lernziele für die Teilnehmer vorgegeben, und die Lehrinhalte werden ohne Mitbestimmung des Teilnehmerkreises ausgewählt.

Die Vermittlung der Lehrinhalte erfolgt durch einen Dozenten, der sie beherrscht, während sie der Teilnehmerkreis noch nicht beherrscht. Dabei wird die Verantwortung für das Lernen der Teilnehmer von einer „pädagogischen Autorität" übernommen.

Was sind nun die Meta-Lernziele dieser Theorie X-Erwachsenenbildung?

Zunächst zum Begriff Meta-Lernziel. Da eine Schulungsveranstaltung nie in einem sterilen Vakuum stattfindet, Lernen also immer in einer bestimmten Umweltsituation vor sich geht, führen die Determinanten dieser Lernumwelt zu Lernzielen, die *neben* die programmspezifischen treten. Besonders charakteristisch für diese Theorie X-Erwachsenenbildung sind beispielsweise folgende Meta-Lernziele:

- Da der Teilnehmerkreis an der Lernzielformulierung und Auswahl der Lehrinhalte nicht beteiligt ist, kommt es zu einer Abhängigkeit von „pädagogischen Autoritäten" und einer Reduzierung der Eigenverantwortung der Teilnehmer im Lernprozeß.
- Die Gleichbehandlung aller Teilnehmer ohne Rücksichtnahme auf ihre Lern- und Erfahrungsvergangenheit, ihre Neigungen, Interessen und persönlichen Ziele trägt zu einer Fehlhaltung gegenüber individuellen Unterschieden bei. Dies hat zur Folge, daß die Teilnehmer beispielsweise in ihrer Funktion als Vorgesetzte ihre Mitarbeiter zur Konformität drängen und ihre individuellen Unterschiede als Bedrohung sehen, statt ihre Einzigartigkeit kreativ zu nutzen.
- Die Vermittlung der Lehrinhalte durch einen Dozenten bestärkt die Teilnehmer in ihrer passiven Rolle. Sie kennen diese Lernsituation aus ihrer Schulzeit und werden durch sie zu bloßen Empfängern von Lehrinhalten degradiert.

Eine unkritische und konformistische Haltung bei den Teilnehmern ist die Folge.

Ein unmündig Lernender wird indes nicht zu einer mündigen Führungskraft werden können.

Dieser Theorie X-Erwachsenenbildung soll eine alternative Konzeption gegenübergestellt werden. In Anlehnung an die McGregor'sche Theorie Y nennen wir sie Theorie Y-Erwachsenenbildung.

Was sind die Meta-Lernziele der Theorie Y-Erwachsenenbildung:

- Die unstrukturierte Lernsituation und die verantwortliche Übernahme von Entscheidungen im Lernprozeß führt beim Teilnehmer zu einer erhöhten Lernselbständigkeit und Eigenverantwortung.
- Die Konfrontation mit Wahlmöglichkeiten im Unterricht führt zu einem bewußten Erkennen der eigenen Lerner-Persönlichkeit und Lerner-Identität. Der Teilnehmer kann im Lernprozeß gleichzeitig seine eigenen Werte entdecken und überprüfen.[82]

82 *Revans, Reginal W.:* The Response of the Manager to Change, in: Management Education and Development, 4. Jg., Heft 4/1973, S. 66.

- Durch die Einbeziehung affektiver Lernzielbereiche und die Behandlung von Emotionen und Gefühlen wird der einzelne für seine emotionalen Prozesse und für den zwischenmenschlichen Umgang sensibilisiert.
- Die Integration von kognitiven und affektiven Elementen im Unterricht führt dazu, daß ein multiples Kommunikationsgesetz aufgebaut wird, bei dem die Teilnehmer untereinander und auf verschiedenen Kommunikationskanälen, wie Körpersprache, Gestik oder Mimik als nicht-verbale Kommunikation, in Beziehung stehen.
- Das Lernen jedes einzelnen Teilnehmers wird in eine Beziehung zu anderen im Seminar eingebettet. Die Abkehr von einem primär individualistisch orientierten Lernmodell zu einem kooperativen Lernen setzt an die Stelle des Wettbewerbs eine Bereitschaft zur Zusammenarbeit, und die erhaltene und erteilte Unterstützung im Seminar macht das Lernen zu einem sozialen Erlebnis.
- Die Teilnehmer erleben in der Theorie Y-Erwachsenenbildung ein Lernen, das nicht mehr nur auf den Seminarraum bei Anwesenheit des Dozenten beschränkt ist, sondern überall und von allen Beteiligten induziert werden kann. In Anlehnung an den Lewin'schen Begriff des individuellen Lebensraums wird ein Meta-Lernziel angestrebt, das dem Teilnehmer seinen persönlichen Lebensraum aufzeigt und ihn sein Lernen als Ausschöpfung des Lernpotentials dieses Lebensraums verstehen läßt.
- Dieses Lernen vermittelt dem Teilnehmer Lernfähigkeiten, die es ihm erlauben, auftretende Weiterbildungsbedürfnisse selbstätig zu befriedigen, wobei die erworbene Lernstrategie als eine Art Generator dient.
- Lernen wird nicht mehr als eine mühsame Notwendigkeit empfunden. Da dieses Lernen zur Erreichung der persönlichen Ziele, Neigungen und Interessen beiträgt, macht es Freude.

3.3 Lehrinhalte

Ein Programmplaner muß bei den Lehrinhalten die Frage beantworten,

- welche grundsätzliche didaktische Orientierung er seinen Managementkursen zugrundelegt und
- wo er sich auf einem didaktischen Kontinuum von Theorie zu Praxis einordnet.

In der Fortbildung von Führungskräften können entsprechend dem fachdidaktischen Standort des Fortbildungsträgers mehrere Richtungen unterschieden werden, die wir als

— empirische Richtung
— behavioristische Richtung
— mathematische Richtung und
— Konvergenz-Richtung

bezeichnet haben. (Siehe auch Kapitel 3.4.4 Lehrmethoden in der Management-Schulung.) So sieht beispielsweise ein Programmplaner der empirischen Richtung die Management-Schulung im wesentlichen auf die Führungsfunktionen konzentriert, während in der behavioristischen Richtung die Schulung im intra- und interpersonellen Bereich besonderes Gewicht erlangt, Programmplaner der mathematischen Richtung betrachten die Managementlehre von der Systemtheorie und der Entscheidungstheorie aus. Die Konvergenz-Richtung dagegen geht davon aus, daß sich die einzelnen Richtungen nicht ersetzen, sondern mehr ergänzen, oder mit anderen Worten, daß der Programmplaner in seinen Veranstaltungen von einer fachdidaktischen Konzeption ausgeht, die in der unterrichteten Managementlehre Führungsfunktionen, behavioristische, entscheidungs- und systemtheoretische Ansätze vereinigt.

Während die Wahl der „Lehrmeinung" relativ einfach ist und nur zugunsten der Konvergenz-Richtung ausfallen kann, ist die Wahl der Theorie- oder Praxisbezogenheit der Lehrinhalte schwieriger zu bewerten und bedürfte zuerst ausführlicher Erläuterungen, welcher Theoriecharakter in Frage steht.

Angesichts der Natur der Führungsaufgaben und des raschen Wandels der Unternehmensumwelt wird in der Programmplanung für eine Theoriebezogenheit des Managementunterrichts im aktionstheoretischen Sinne von *Lewins*[83] eingetreten, weil sie den Teilnehmer mit generell verwertbaren Konzepten ausstattet, ihm instrumentelle Lernfähigkeiten vermittelt und die Lernerfolge über einen relativ langen Zeitraum einer Führungslaufbahn nutzbar macht.[84]

3.4 Lernorganisation

Innerhalb der Lernorganisation muß der Programmplaner Entscheidungen in den folgenden Bereichen treffen:

83 Vgl. zum Theoriebegriff bei *Lewin* die Biographie von *Marrow, Alfred J.:* The Practical Theorist. The Life and Work of *Kurt Lewin,* New York, 1969.

84 Vgl. dazu auch die Arbeiten von *Cole* und *Berman,* die einer neuen Orientierung in der Curriculumplanung das Wort reden. Siehe *Cole, Henry P.:* Process Education: The New Direction for Elementary and Secondary Schools, Eng-lewood Cliffs (N.J.) 1972 und *Berman, Louis M.:* New Priorities in the Curriculum, Columbus (Ohio) 1968.

- Lernkonzeption
- Grad der Strukturiertheit des Unterrichts
- Teilnehmer-Lehrer-Beziehung
- Lehrmethodeneinsatz

3.4.1 Lernkonzeption

Die Management-Schulung von erfahrenen Führungskräften muß bei der Festlegung der Lernkonzeption in der Programmplanung von den folgenden Annahmen ausgehen:

1. Sämtliche Teilnehmer bringen in allen Lernbereichen Erfahrungen, Ideen und Vorstellungen in den Unterricht ein.
2. Sämtliche Teilnehmer haben individuelle Lernstile und Lerngeschwindigkeiten und verfügen über eine unterschiedliche Motivationsstärke bei den einzelnen Themenkreisen.
3. Die Tätigkeit einer Führungskraft besteht nicht nur darin, Zusammenhänge zu verstehen, sondern sie muß entscheiden und handeln.

Daraus ergeben sich ganz bestimmte lernkonzeptionelle Folgen, die in erster Linie im Prinzip der Aktivierung der Lernvergangenheit zum Ausdruck kommen (siehe Seite 48).

3.4.2 Grad der Strukturiertheit des Unterrichts

Im Gegensatz zu dem noch in der Praxis angewandten perfekt strukturierten Unterrichtsablaufs wird dem Programmplaner eine Alternative der sorgfältig geplanten Unstrukturiertheit vorgeschlagen, die dem einzelnen Teilnehmer einen Freiheitsgrad für sein Lernen einräumt und ihm die Verantwortung für sein Lernen überträgt. Diese Vorstellungen von einer geplanten Unstrukturiertheit des Mangementunterrichts stützen sich auf verschiedene Forschungsergebnisse aus dem Bereich der selbstgesteuerten Verhaltensmodifikation [85], deren theoretische Fundierung auf die von Rogers entwickelte „klientenzentrierte Psychotherapie"[86] zurückgeht.

Die einzelnen Teilnehmer können entsprechend ihren individuellen Weiterbildungsbedürfnissen ihre Lernziele selbst wählen, indem sie sowohl Art als auch Lernintensität selbst bestimmen. Unter Lernintensität wird in Anlehnung an *Bloom*[87] die Lernstufe verstanden, die die Teilnehmer in einem

85 Vgl. *Kolb, David A., Winter, S., Berlew, D.:* Self-directed Change: Two Studies, in: Journal of Applied Behavioral Science, 4. Jg., Heft 4/1968, S. 453 ff.

86 *Rogers, Carl R.:* Client-centered Therapy, Boston 1951.

87 Vgl. im einzelnen *Bloom, Benjamin S.:* Taxonomy of Educational Objectives. The Classification of Educational Goals. Handbook I: Cognitive Domain, New York 1956.

bestimmten Lerngebiet anstreben. Da die einzelnen Teilnehmer über unterschiedliche Lernintensitäten verfügen, muß die Programmplanung bestimmte Freiheitsgrade aufweisen, damit die Teilnehmer ihre, von den Arbeitsplatzfaktoren determinierte, Lernintensität selbst wählen können. Denn einem Teilnehmer ist wenig geholfen, wenn er eine geringere als die bedürfnisadäquate Lernintensität erwirbt.

Auch bei der Sequenzierung der Lehrinhalte sollte dem Teilnehmer eine Eigenverantwortung übertragen werden, indem er sich selbst die Lehrinhaltssequenzen zusammenstellt und vom Dozenten dabei nur beraten wird. Im Grunde gibt es in der gesamten Managementlehre äußerst wenige zwingende Lehrinhaltssequenzen. Somit reflektiert die vorstrukturierte Anordnung der Lehrinhalte in einem Weiterbildungsprogramm wesentlich mehr die Bedürfnisse des Programmplaners als die der Teilnehmer.

3.4.3 Teilnehmer-Lehrer-Beziehung

Welche Rolle soll der Programmplaner dem Managementlehrer gegenüber erfahrenen Führungskräften einräumen?

Die Lehrkraft darf in der Management-Schulung nicht die Autorität übernehmen, die ihr in anderen pädagogischen Systemen zuerkannt wird. Vielmehr sollte sich der Lehrer als Partner[88] der Teilnehmer in einem gemeinsamen Lernprojekt betrachten, zumal er während der Schulungsperiode häufig genauso viel lernt wie die Teilnehmer. Das partnerschaftliche Verhältnis sollte dabei nicht zwischen ihm und der gesamten Gruppe, sondern zwischen ihm und den einzelnen Teilnehmern gebildet werden, damit er sowohl der entstehenden sozialen Struktur und den Normen der gesamten Gruppe[89] wirksam gegenübertreten kann als auch während der Management-Schulung in der Lage ist, die individuellen Gegebenheiten unter den Teilnehmern zu berücksichtigen.

Daneben hat der hohe Grad an Unstrukturiertheit im Unterricht verschiedene Auswirkungen auf die Funktionen des Managementlehrers. Die eigentliche Lehrstoffvermittlungs-Funktion, die im Grunde seit der Erfindung des Buchdrucks im Rückgang sein sollte, wird durch eine Funktion ersetzt, die den Managementlehrer als eine Art Manager von Lernsituationen in seinem Fachgebiet sieht. Dazu tritt die Funktion der Lern- und Laufbahnberatung, die nicht nur ein Spezialgebiet in der Management-Schulung ausüben sollte, sondern Teil des pädagogischen und lernpsychologischen Funktionsbündels ist, das von allen Managementlehrern wahrgenommen wird.

88 Vgl. *Rogers, Carl R.:* Freedom to Learn, Columbus (Ohio), S. 133 ff.

89 Vgl. dazu *Orth, Charles D.:* Social Structure and Learning Climate. The First Year at the Harvard Bussiness School, Boston 1963.

Lehren wird demnach nicht mehr mit dem Auftreten im Klassenzimmer in Verbindung gebracht, sondern Lehren bedeutet, dem Teilnehmer während der Management-Schulung beim Lernen zu helfen, was einschließt, daß Lernen nicht unbedingt als eine Folge des klassischen Lehrens gesehen wird. Die Funktion des Managementlehrers wird als Folge einer geplanten Unstrukturiertheit des Unterrichts eine Funktion des *Lernhelfers* werden und wahrscheinlich mehr Qualifikationen auf den Gebieten der Pädagogik, Psychologie und Psychotherapie als in seinem Teilgebiet der Managementlehre verlangen.

3.4.4 Lehrmethoden in der Management-Schulung

Die Management-Schulung ist in den vergangenen Jahren als pädagogischer Schultyp oder als Schulgattung mehr und mehr sichtbar geworden. War nach dem Zweiten Weltkrieg bis etwa Mitte der fünfziger Jahre, also in der ersten Phase der europäischen Weiter- und Fortbildung von Führungskräften[90], die Schulung von Managern nur als pädagogische Randveranstaltung bewußt geworden, so hat sich die Management-Schulung heute in sämtlichen Ländern Europas – auch im Ostblock[91] – institutionalisiert.

Obwohl diese Art der Schulung bislang von der Erziehungswissenschaft nicht wahrgenommen wird, läßt es sich nicht leugnen, daß die Management-Schulung eine Form der Erwachsenenbildung darstellt[92]. Die Tatsache, daß der fachwissenschaftliche Charakter der Managementlehre im Vordergrund steht, darf nicht dazu führen, Fragen der Erwachsenenbildung und Erkenntnisse der Lerntheorie, der pädagogischen Psychologie und anderer Hilfsdisziplinen der allgemeinen Erziehungswissenschaft bei dieser Art Schulung zu negieren.

Im folgenden soll in einer Art Ausschnittsbetrachtung die Lehrmethodenfrage in der Management-Schulung erörtert werden, wobei in der Betrach-

90 Vgl. im einzelnen *Stiefel, Rolf Th.:* Entwicklung und gegenwärtige Situation der externen Unternehmerschulung in Europa, in: Betriebswirtschaftliche Forschung und Praxis, 21. Jg., Heft 7–8/1969, S. 430 ff.

91 Wir haben heute in sämtlichen Ländern Osteuropa teilweise hervorragende Managementschulen, die im systemindifferenten Bereich der Didaktik vor allem bei den Management-Techniken und dem Entscheidungsprozeß sehr ähnliche Programme wie die EAMTC-Mitglieder (European Association of Management Training Centers) haben.

92 Wir haben an anderer Stelle für diese besonderen Fragenkreise innerhalb der Erwachsenenbildung den Begriff „Management-Andragogik" vorgeschlagen. Vgl. im einzelnen *Stiefel, Rolf Th.:* Management – Andragogik – Eine neue Richtung in der Wirtschaftspädagogik?, in: Wirtschaft und Erziehung, 19. Jg., Heft 10/1967, S. 439 ff.

tung dieses Problemkreises die vorherrschend deskriptive Behandlung durch eine aktionstheoretische ergänzt wird.

3.4.4.1 Lehrmeinungen über den zweckmäßigen Methoden-Einsatz in der Management-Schulung

Der Einsatz von Lehrmethoden in der Management-Schulung stand von Anfang an im Brennpunkt des Interesses. Waren sich alle Vertreter darüber einig, daß eine vernünftige Schulung nur über den alten Dewey'schen Grundsatz „Learning by doing" erfolgen kann, dann wichen die Auffassungen voneinander ab, nach welchen Gesichtspunkten ein zweckmäßiger Methoden-Mix gewählt werden soll.

Beim Überblick der „Schulen" oder Lehrmeinungen läßt sich leicht erkennen, daß für die Wahl der Methodengruppen die Auffassung über die Managementlehre richtungsweisend war.

Die Vielfalt der theoretischen Ansätze und die Ausführungen, was im einzelnen einen guten Manager auszeichnet, können in verschiedene Kategorien klassifiziert werden[93].

- Management-Prozeß-„Schule"
  Diese Lehrmeinung betrachtet Management als einen Prozeß, durch den Ziele im Unternehmen durch den Einsatz von Mitarbeitern erreicht werden. Sämtliche Werke dieser „Schule" versuchen, einen konzeptionalen Rahmen des Führungsprozesses zu entwickeln und Grundsätze davon abzuleiten. Ausgangspunkt ist die Analyse der Tätigkeit des Managers am Arbeitsplatz, aus der sich dann gewisse Führungsfunktionen ergeben[94].
- Empirische Management-„Schule"
  Diese „Schule" untersucht die Erfahrung von Managern und leitet aus den Entscheidungen von Führungskräften allgemeingültige Prinzipien ab. Aus der Analyse der Vergangenheit werden Regeln für effektives Managementverhalten in der Zukunft aufgestellt.
- Behavioristische Management-„Schule"
  Die behavioristische „Schule" geht davon aus, daß Management ein Prozeß ist, der dank dem Zusammenwirken von Menschen im Betrieb gewisse vorgegebene Ziele erreichen hilft. Wesentlich ist, daß der Schwerpunkt auf personelle und interpersonelle Themenkreise ausgerichtet ist.

93 *Koontz, Harold:* The Management Theory Jungle, in: Journal of the Academy of Management, Vol. 4, No. 3/1961, S. 174 ff.

94 Dieser Modelltyp gliedert sich innerhalb der Gruppe in zahlreiche Untergruppen auf, je nachdem, welche gruppendynamische Methoden im einzelnen gewählt werden. Vgl. dazu auch *Brocher, Tobias:* Methodische Entwicklungsprobleme der Gruppendynamik in: Gruppendynamik, Heft 2/1971, S. 128 ff.

- Management als „Soziales System"
  Diese Lehrmeinung ist eng mit der behavioristischen „Schule" verbunden. Sie geht davon aus, daß Management im wesentlichen ein System von sozialen Beziehungen darstellt, die sowohl formalen als auch informalen Charakter annehmen können.
- Entscheidungstheoretisch orientierte Management-„Schule"
  Diese Lehrmeinung sieht Management in erster Linie als Entscheidungsprozeß und befaßt sich im einzelnen mit den Phasen der Entscheidung.
- Mathematische Management-„Schule"
  Für die mathematische Management-„Schule" ist Management ein System von mathematischen Modellen und Gleichungen. Ähnlich wie die empirische Richtung und die entscheidungstheoretisch orientierte „Schule" mißt sie der Entscheidungsphase im Managementprozeß Bedeutung zu, nur ist die Annäherung entgegengesetzt. Die Wirklichkeit wird auf ihre Variablen hin untersucht, und nach Feststellung der Parameter wird sie im Modell nachgebildet.
- Systemtheoretisch orientierte Management-„Schule"
  Diese Lehrmeinung ist eng mit der vorhergehenden verwandt, doch hat sie durch die Arbeiten von Jay Forrester[95] besonderes Gepräge erhalten. Die Wirklichkeit wird – ähnlich wie bei der mathematischen „Schule" – auf die einzelnen Einflußgrößen hin untersucht, die dann in einem System von Gleichungen und Flußdiagrammen dargestellt werden.
- Strategisch orientierte Management-„Schule"
  Diese Lehrmeinung, als die jüngste der aufgeführten „Schulen", versucht in einer sehr strukturierten Art die Dynamik der organisatorischen Umwelt einzufangen, indem sie sich auf die Fragenkreise der Entwicklung von Änderungsstrategien ausrichtet[96]. Sie hat, vom didaktischen Spektrum aus gesehen, einen gewissen synthetischen Charakter, da sie Lehrinhalte sämtlicher übrigen Richtungen enthält.

3.4.4.1.1 Empirische Richtung der Management-Schulung

Diese Richtung setzt sich aus der empirischen Management-„Schule" sowie den nichtbehavioristischen Elementen der Management-Prozeß-„Schule" zusammen. Die Lehrphilosophie beruht auf der Annahme, daß man durch sorgfältiges Studium von Managementereignissen aus der Vergangenheit

95 *Forrester, Jay:* Industrial Dynamics, Cambridge (Mass.) 1965.

96 *Ansoff, Igor H.:* Corporate Strategy. An Analytic Approach to Business Policy for Growth and Expansion, Pelican Books A 932, Harmondsworth 1968, und derselbe: Toward a Strategic Theory of the Firm, ders. (Hrsg.): Business Strategy, Penguin Education X 72, Harmondsworth 1969, S. 11 ff.

seine eigene Entscheidungsfähigkeit erweitern kann. Die Lehrinhaltsgliederung erstreckt sich auf die Führungsfunktionen, wie sie von der Management-Prozeß-„Schule" als auch von den neueren Vertretern wie Drucker entwickelt wurden.

Im methodischen Bereich verwendet die empirische Richtung in erster Linie die Fallmethode in verschiedenen Varianten, wobei aber der klassische Harvardfall vorwiegend eingesetzt wird.

Daneben wird auch der abgekürzte Problemfall sowie die „Incident Methode" verwendet, die beide auf reale Unternehmensereignisse zurückgreifen, um daraus Führungsprinzipien abzuleiten. Dabei kann es in extremer Form vorkommen, daß neben Fällen keine andere Lehrmethode gewählt wird, sondern kognitive Lehrmittel in Form von Aufsätzen vor der Falldiskussion Berücksichtigung finden. Die empirische Richtung wird in den USA in besonderer Weise von der Harvard Business School gepflegt. Eine reiche Fallsammlung (Institut pour l'Etude des Méthodes de Direction) unterstützt diese Unterrichtsweise. Daneben versucht ein eigener Stab von Mitarbeitern in der Fallforschung ständig neuere Unternehmensereignisse so schnell wie möglich in lehrbare Fälle „umzuschreiben".

In Europa sind es vor allem jene Institute, die anfänglich mit Harvard „Know-How" und von amerikanischen Professoren aufgebaut wurden, so z.B. IMEDE (Institut pour l'Etude des Methodes de l'Entreprises) in Lausanne oder IESE (Instituto Estudios Superiores des Empresas) in Barcelona.

3.4.4.1.2 Behavioristische Richtung der Management-Schulung

Die behaviorische Richtung der Management-Schulung setzt sich aus der behavioristischen Lehrmeinung der Managementlehre sowie der „Management als 'Soziales-System'-Schule" zusammen. Beide Lehrmeinungen unterscheiden sich nur graduell. Lehrpläne dieser Richtung haben ein beträchtliches gruppendynamisches Gewicht. Es überwiegen eindeutig die affektiven Lehrziele sowie jener Teil der psychomotorischen Lehrziele, die man mit interpersonell umschreiben kann. Es ist nicht übertrieben zu sagen, daß manche Kursbereiche eines Managementlehrgangs dieser Richtung wie ein Kurs in angewandter Psychologie und Soziologie anmuten.

Die Auswahl der Lehrmethoden orientiert sich natürlicherweise an den affektiven Zielvorgaben und umfaßt im wesentlichen alle strukturierten und unstrukturierten gruppendynamischen Übungen, wobei „Sensitivity", Training und Rollenspiele als Lehrmethoden niemals fehlen.

Als institutionelle Vertreter sind in USA insbesondere das NTL (National Training Laboratory) zu nennen, das schon beinahe ein vierteljahrhundert Managementkurse in dieser Weise organisiert. Daneben gibt es zahlreiche andere Institute, die, auf der NTL-Konzeption aufbauend, Schulungen durchführen. In Europa ist es insbesondere das „Tavistock Institut" in London und das EIT (European Institute for Transnational Studies), das unter Umständen als europäisches NTL eingestuft werden kann

3.4.4.1.3 Mathematische Richtung der Management-Schulung

Die mathematische Richtung der Management-Schulung bekommt ihre didaktisch-methodischen Anregungen von der entscheidungstheoretisch orientierten Lehrmeinung der Managementlehre, von der mathematischen „Schule" sowie von der systemtheoretischen „Schule". Sämtliche drei Richtungen wirken in ähnlicher Weise auf diesen pädagogischen Modelltyp ein, indem sie im methodischen Bereich sehr stark die Simulationsübungen (oft unter Zuhilfenahmen eines sehr leistungsfähigen Computers) betonen. Die Erarbeitung von Modellen zieht sich wie ein roter Faden durch die gesamten Lehrgebiete.
Es braucht nicht besonders unterstrichen zu werden, daß die Lehrpläne der mathematischen Richtung der Management-Schulung sehr stark die quantitative Seite betonen und gewisse Voraussetzungen in Statistik, Mathematik und Informatik erfordern, oder bei Einführungskursen mit großem Tempo durchgearbeitet werden.

Die mathematische Richtung hat sich insbesondere in den USA entwickelt, als sich ursprünglich natur- und ingenieurwissenschaftlich ausgerichtete Hochschulen der Managementlehre annahmen und sich zwangsläufig am quantitativen Teil des neuen Lehrgebiets orientierten. Diese „Kopflastigkeit" der Lehrpläne durch die starke Betonung der „Management-Science" – Lehrinhalte ist auch heute noch vorhanden. Stellvertretende Hochschulen dieser Richtung sind das „Case Insitute of Technology", das „Massachusetts Institute of Technology" (Alfred P. Sloan School) und die „Carnegie-Mellon University" (Department of Industrial Administration). In Europa wurde die Richtung zwar teilweise berücksichtigt, jedoch nicht in dem Maße, daß ein Weiterbildungsträger ganz als Vertreter der mathematischen Richtung in der Management-Schulung einzustufen ist.

3.4.4.1.4 „Konvergenz-Richtung" der Management-Schulung

In der „Konvergenz-Richtung" der Management-Schulung sind verschiedene Lehrmeinungen der Managementlehre zu finden. Sie geht davon aus, daß sich die einzelnen „Schulen" der Managementlehre nicht gegenseitig ersetzen, sondern mehr ergänzen, daß also das pädagogische Dogma dieser Vertreter darin besteht, kein Dogmenanhänger der Managementlehre zu sein.

Die Lehrpläne spiegeln sämtliche Richtungen der Managementlehre wider, und auch die eingesetzten Methoden sind nicht „richtungsspezifisch".

Der Einsatz der Lehrmethoden wird nicht nur durch die Art der angestrebten Lernziele bestimmt. Vielmehr legt der Programm-planer seinem Lehrmethodeneinsatz folgende Determinanten zugrunde:

- Art der Lernbereiche (Wissen, Verhalten, Fähigkeiten) und der damit zusammenhängenden Lernprozesse
- Lernzielintensität (z.B. im kognitiven Bereich: Verstehen, Anwenden, Analysieren etc.)
- Veranlagungsprofil der Teilnehmer.

Die Varianz der Entscheidungsdeterminanten führt dazu, daß der Programmplaner seinen Veranstaltungen ein pluralistisches Lehrmethodenkonzept zugrundelegen muß. Ausgeprägter Methodenmonismus wie beispielsweise der dogmatische Einsatz der Fallmethode ist genauso wenig angebracht wie die oft zu beobachtende Praxis, daß bestimmte Lehrgebiete durch die gleichen Lehrmethoden vermittelt werden. So läßt sich beispielsweise häufig beobachten, daß das Gebiet der Unternehmenspolitik vornehmlich mit Fällen und Planspielen gelehrt wird oder beim Lehrgebiet Organisationsverhalten vornehmlich Kleingruppenarbeit in verschiedenen gruppendynamischen Varianten eingesetzt wird. *Nicht das Lehrgebiet ist die Determinante für den Einsatz der Lehrmethoden, sondern die Art des Lernbereichs mit seinen verschiedenen Intensitätsstufen sowie das Veranlagungsprofil eines Teilnehmers.*[97]

3.4.4.2 Praktische Bedeutung einer Typisierung der Management-Schulung

Welche praktische Bedeutung können wir für die betriebliche Bildungsarbeit aus unserer Typisierung ableiten?

Durch eine ausführliche didaktisch-methodische Analyse von Managementkursen können wichtige Rückschlüsse auf die Lehrziele und unter Umständen auf die Intensitätsstufen des Lernens gezogen werden. Zum anderen können von einzelnen Unternehmen bestimmte Teilnehmergruppen zu ausgewählten Richtungen der Management-Schulung gesandt werden, je nachdem wo die gegenwärtigen Probleme des Unternehmens mit Vorrangigkeit behandelt werden.

Die Typisierung der Management-Schulung nach bestimmten Richtungen enthält kein Werturteil, sondern stellt lediglich eine Differenzierung und eine gewisse Hilfe zur Transparenz des Management-Schulungsangebots dar.

97 Der Programmplaner wird auch auf eine neuere Arbeit über Lehrmethoden hingewiesen. Siehe *Stiefel, Rolf Th., Papaloizos, Antoine:* Newer Participative Teaching Methods in Western Europe, in: *Mailick, Sidney* (Hrsg.): Training Managers – A Worldwide Survey, New York 1974, S. 162 ff.

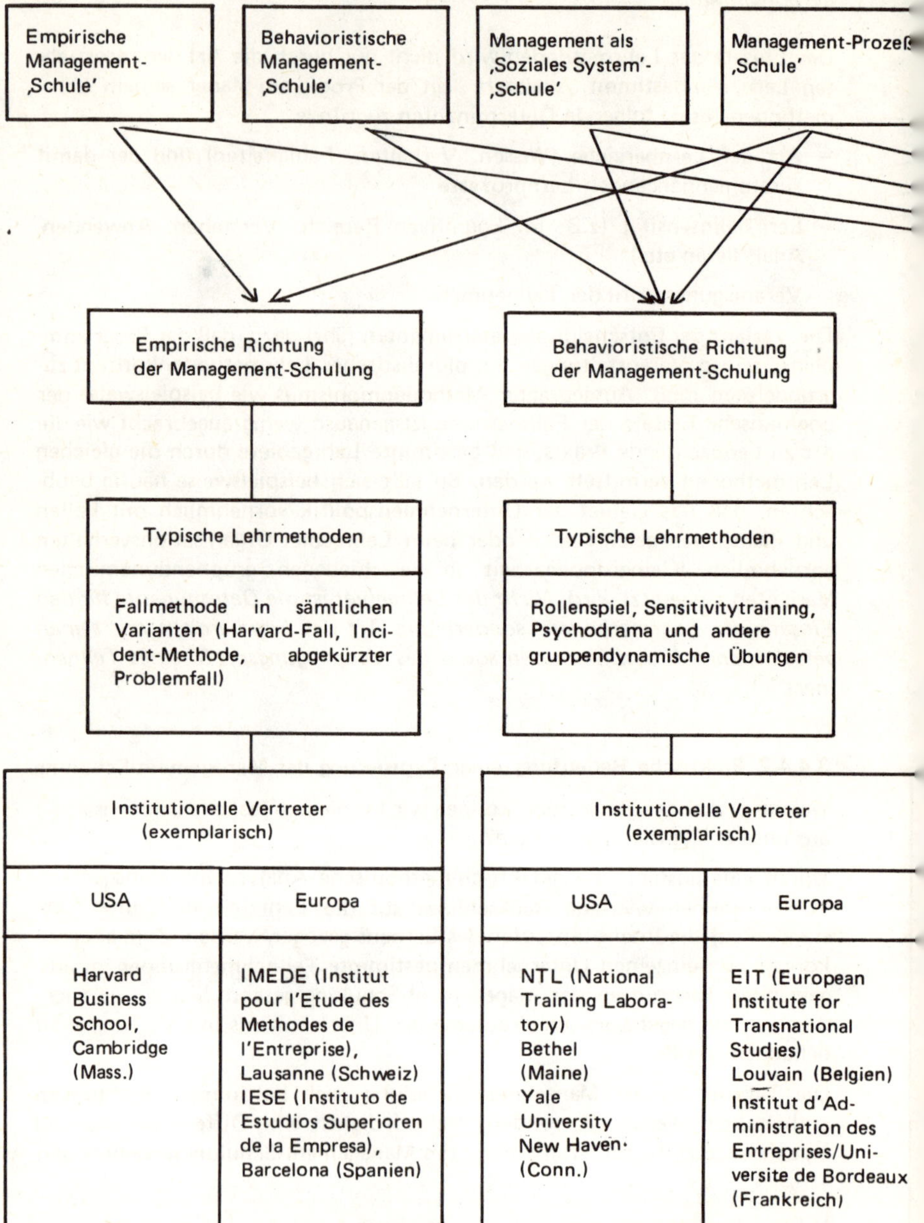

Abb. 9: Lehrmeinungen der Managementlehre und Richtungen der Management-Schulung

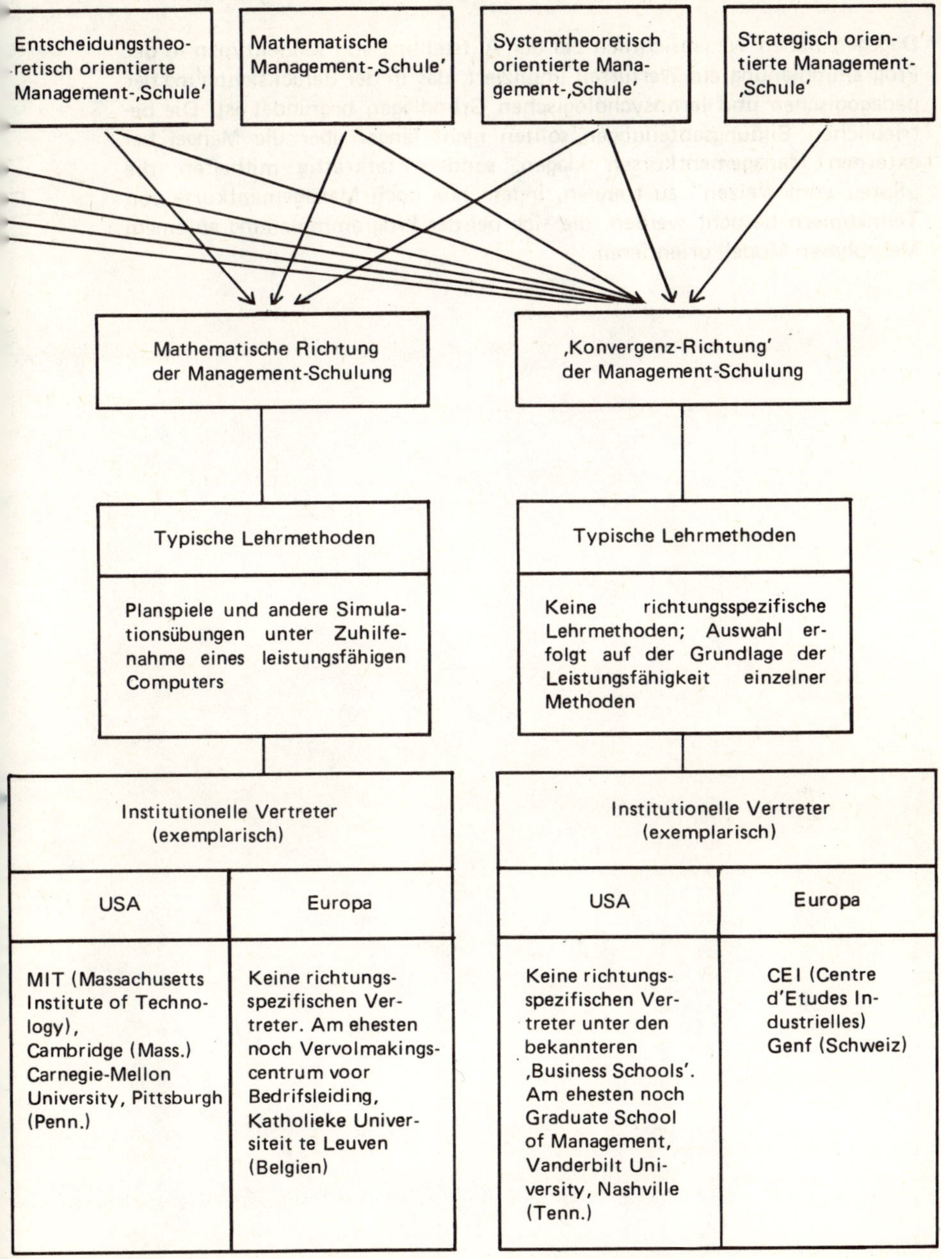

mit exemplarischen institutionellen Vertretern

Dagegen haben wir absichtlich bei der Aufstellung von Modelltypen in der Programmplanung ein Werturteil impliziert, das in der Berücksichtigung der pädagogischen und lernpsychologischen Grundlagen begründet ist. Die betrieblichen Bildungsabteilungen sollten nicht länger über die Mängel bei externen Managementkursen klagen, sondern tatkräftig mithelfen, die „Spreu vom Weizen" zu trennen, indem nur noch Managementkurse von Teilnehmern besucht werden, die sich bei der Programmplanung an einem Mehrphasen-Modell orientieren.

4. Wie werden Management-Seminare durchgeführt?

4.1 Programm-Design für ein innerbetriebliches Seminar

Im folgenden soll kurz ein Workshop vorgestellt werden, der einige wesentliche Elemente der Programmplanung für die Praxis enthält.

Thema des Programms:

Lerntransfer in der Management-Bildung.

Zielgruppe:

Alle Führungskräfte eines Unternehmens, die teilzeitlich und nebenamtlich in der betrieblichen Bildungsarbeit eingesetzt werden.

Ratio des Programms:

In der betrieblichen Bildungsarbeit werden zunehmend, nicht zuletzt bedingt durch größere Sachnähe und Budgetüberlegungen, eine große Zahl von Fach- und Führungskräften eingesetzt, die in der Regel lehrinhaltlich den Wünschen der Bildungsabteilung voll entsprechen, im didaktisch-methodischen Bereich aber häufig große Unsicherheiten aufweisen. Die Bildungsabteilung im vorliegenden Beispiel hatte es sich zur Aufgabe gemacht, diese pädagogischen Mängel systematisch zu beseitigen und eine Gruppe von Managementlehrern im Unternehmen heranzubilden, die sowohl auf dem fachlich-inhaltlichen als auch didaktisch-methodischen besten Stand sind. Das Programm über Lerntransfer ist nur ein Teil aus einer umfassenden Weiterbildungsreihe über Lernmanagement.

Lernziele des Programms (Informationsziele)

Das Programm soll die Teilnehmer nach Abschluß in die Lage versetzen,

- daß sie bewußt lerntransferhemmende Faktoren erkennen, die im Unterricht auftreten können;
- daß sie lerntransferhemmende Faktoren außerhalb des eigentlichen Unterrichts einschätzen lernen (Funktionsfeld);
- daß sie in ihrer nebenamtlichen Tätigkeit als teilzeitliche Managementlehrer in ihrer pädagogischen Arbeit so vorgehen, daß sie Lerntransferhemmnisse vermeiden.

Dauer des Programms:

Das Programm wurde in drei Tagen residentiell durchgeführt.

Lehrinhalte des Programms:

Das Programm orientiert sich inhaltlich an *Stiefel, Rolf Th.:* Lerntransfer in der Management-Schulung, Frankfurt 1973.

Lernorganisation:

Das Programm war mit einer Vorschulungsphase ausgestattet, in der eine „Aktivierung der Lernvergangenheit" der Teilnehmer durchgeführt wurde.

Der folgende Fragebogen wurde an die Teilnehmer *vor* Beginn der Veranstaltung ausgehändigt, versehen mit der Bitte, die Fragen möglichst ausführlich zu beantworten. Diese Vorgehensweise folgt lernpsychologischen Überlegungen:

- kein Teilnehmer ist ein unbeschriebenes Blatt in der Weiterbildung, sondern verfügt schon über Lernbestände;
- es ist unwesentlich, ob diese Lernbestände zu Recht bestehen oder nicht. Wesentlich ist, *daß* sie bestehen und im Unterricht an die Oberfläche gebracht werden, *bevor* neues Lernen stattfindet.

Dieser Fragebogen (Seite 71 f.) wurde von den Teilnehmern in den Unterricht eingebracht und bildete die Grundlage für ihr Lernen im Unterricht.

Der Unterricht selbst ging davon aus, daß an die Stelle des „Geleitzugprinzips" eine gewisse Individualisierung treten mußte. Dafür wurden die folgenden Maßnahmen getroffen:

- Durch die individuell verschiedene Lernvergangenheit der Teilnehmer wurde nach jeder Behandlung einer Frage im Fragebogen eine Pause eingelegt, in der ein Teilnehmer mit einem anderen Teilnehmer als Lernpartner seinen Lernfortschritt überprüfte und sich seiner Unklarheiten bewußt wurde. Als Ergebnis dieser Besprechung formulierte jeder Teilnehmer in einer Lernpartnerschaft seine neuen Absichten auf der rechten Seite des Fragebogens.
- Jeder Teilnehmer konnte in diesem umstrukturierten Teil des Seminars die Lerntransfer-Problematik aus seiner Sicht verfolgen, ohne daß sein Lernen zu Lasten der gesamten Gruppe ging.
- Am Ende einer Lernpartnerschaftsbesprechung hält ein Teilnehmer die noch ungeklärten Fragen fest und bringt sie im abendlichen Auswertungsgespräch ein.

Das Lernen der Teilnehmer stellte sich in drei Lernbereichen ein:

- es wurden vorhandene Lernbestände *bestätigt;*
- es wurden fehlerhafte Lernbestände *gelöscht;*
- es wurden *neue* Lehrinhalte erworben.

Daraus ergab sich das Lehrverhalten des Dozenten, das im wesentlichen in einem

- induzierten *Erfahrungsaustausch* und
- in der Einführung und Einübung *neuer* Konzepte bestand.

Wesentlich war dabei, daß bei jeder Frage des Fragebogens der gesamte Teilnehmerkreis aktiviert wurde und somit das Lehren des Dozenten, in dieser Phase als eine Art „Regieleistung" angesehen wurde, bei der die gesamten Teilnehmer untereinander zur Quelle der Überprüfung der Lernbestände in der Gruppe und zur Quelle neuen Lernens für jeden einzelnen wurde.

Evaluierung
Das Programm war mit einer

- Lernprozeßevaluierung
- Lernerfolgsevaluierung und
- Lerntransferevaluierung

ausgestattet.

Lernprozeßevaluierung
Am Ende eines jeden Tages mußte jeder Teilnehmer seine Lernfortschritte überprüfen. Dazu wurde ihm ein Evaluierungsbogen zur Verfügung gestellt, in den er seine neuen Erkenntnisse eintrug und anschließend mit einem Lernpartner durchsprach (formative Evaluierung). Gleichzeitig sammelte er die Unklarheiten, die bei den einzelnen Fragen aufgetreten waren, und brachte sie anschließend ins Plenum ein. Der Dozent griff anschließend diese Unklarheiten auf und versuchte sie, gemeinsam mit der Gruppe, zu lösen. Erst nach der Abklärung dieser Unklarheiten wurde am nächsten Tag das Seminar fortgesetzt (sog. Steuerungsevaluierung).

Lernerfolgsevaluierung
Die Lernerfolgsevaluierung wurde mit Hilfe der Eintragungen im ‚Fragebogen zur Lerntransfer-Praxis' durchgeführt:

- Jede Frage wurde mit einer Skala von 1 bis 10 versehen (1 – keine Lernbestände, 10 – sehr hohe Lernbestände).
- Jeder Teilnehmer trug am Ende des Seminars die Eintragungen zu einer Frage in der linken Spalte als Markierung auf der Skala ein (vorhandener Lernbestand); anschließend wurde die Absichtserklärung bei jeder Frage (Eintragung in der rechten Spalte) als neuer Lernbestand auf der Skala markiert. Der Unterschied war der *subjektiv festgestellte* Lernerfolg des Teilnehmers zu einer Unterrichtseinheit.
- Diese Markierung wurde für jede Frage von einem Teilnehmer vorgenommen.
- Anschließend tauschten die einzelnen Teilnehmer ihre Markierungen mit ihrem Lernpartner aus, der unabhängig die beiden Eintragungen je Frage auf einer Skala festhielt.
- Die Lernpartner überprüften die unabhängig festgestellten Lernerfolge und sprachen Abweichungen durch. Dabei war es nicht notwendig, daß ein Konsens erreicht wurde. Vielmehr war die abweichende Markierung eines Lernpartners der Anlaß für den anderen in der Lernpartnerschaft, seine Markierung noch einmal zu überdenken. An die Stelle der rein

subjektiven Wertung trat somit eine inter-subjektive Ermittlung des Lernerfolges, der eine höhere Gültigkeit beinhaltet.

– Die einzelnen Teilnehmer trugen am Ende des Programms ihre Werte in einem vorbereiteten Formular ein. Gleichzeitig wurden die festgestellten Werte, die der Lernpartner eines Teilnehmers zu seiner Frage ermittelte, eingetragen, damit die Gültigkeit der Lernerfolgsdaten durch diese Form der intersubjektiven Evaluierung erhöht wurde.

	Teilnehmer A			Teilnehmer B als Lernpartner von A		
	Alter Lern-bestand	Neuer Lern-bestand	Differenz	Alter Lern-bestand	Neuer Lern-bestand	Differenz
Fragebogen-fragen						
Frage 1						
.						
.						
.						
Frage 10						

Lerntransfer-Evaluierung

Jeder Teilnehmer nahm sich fünf Lernerfolge vor, die er zusammen mit seinem Lernpartner so formuliert, daß sie nachprüfbar waren und er somit anhand von *bestimmten Kriterien* feststellen konnte, ob er die Lernerfolge in sein Leistungsverhalten integriert hat. Jeder Teilnehmer versah seinen zu transferierenden Lernerfolg mit einer *Transfer-Periode,* die angab, *wann er* seine Lernerfolge in sein Leistungsverhalten integriert hat.

Die Lerntransfer-Evaluierung wurde zum einen als Selbstevaluierung konzipiert, indem sich der einzelne Teilnehmer einen Aktionsplan ausarbeitete, der auch die Kriterien für die dauerhafte Einführung von Lernerfolgen in sein Leistungsverhalten auswies. Zum zweiten wurde sie als Fremdevaluierung konzipiert, indem sein Lernpartner im Programm zu einem Transferpartner wurde und den transferierten Lernerfolg nach Abschluß der Transfer-Periode überprüfte. Wird die Transfer-Periode von einem Teilnehmer für einen Lernerfolg mit länger als einem halben Jahr angegeben, wird eine Evaluierung in der Transfer-Periode ausgearbeitet, die auch *während* der Transer-Periode und nicht erst am Ende der Transfer-Periode eine Überprüfung vorsieht. Die Evaluierungsinstrumente können in der Transfer-Periode von den Teilnehmern gewählt werden und umfassen in den meisten Fällen ein unstrukturiertes Evaluierungsgespräch sowie den möglichen Einsatz von einem Fragebogen in der Transfer-Periode.

Fragebogen zur Lerntransfer-Praxis

Im folgenden werden Sie gebeten, einige Fragen aus Ihrer Lerntransfer-Praxis zu beantworten. Es wird nicht immer einfach sein, eine klare Antwort zu geben. Versuchen Sie trotzdem, so sorgfältig wie möglich Ihre Praxis zu schildern.

Die einzelnen Fragenkreise behandeln einige wesentliche Punkte der Lerntransfer-Sicherung in Ihrer Weiterbildungsarbeit. Wenn Sie Schwierigkeiten haben, die Fragen direkt zu beantworten, dann gehen Sie in Gedanken von Ihren beiden letzten Programmen aus, die Sie geplant haben, und versuchen daraus eine Antwort abzuleiten. Sämtliche Antworten bleiben in Ihrem Besitz und dienen Ihnen als Arbeitsunterlage in unserem Seminar. *Bitte benutzen Sie für Ihre Antworten nur die linke Spalte!*

1. Gehen Sie bei der Konzipierung der Lernorganisation und der Lernkultur in einem Seminar von einer vorher durchgeführten Diagnose des Organisationsklimas im Unternehmen oder in der (den) teilnehmerentsendenden Abteilung(en) aus? Wenn ja, führen Sie kurz aus, wie Sie das Organisationsklima bestimmen.

2. Wie ermitteln Sie die Weiterbildungsbedürfnisse der Mitarbeiter, die an Ihren Programmen teilnehmen?

3. Führen Sie kurz aus, ob Sie es für notwendig erachten, einen gewissen Flexibilitätsgrad in Ihr Programm einzubauen und, bejahendenfalls, wie Sie diese Flexibilität durchführen.

4. Lehrinhalte können in verschiedenen Lernintensitäten erworben werden. Ein Teilnehmer kann z.B. Kenntnisse über eine bestimmte Technik erwerben, er kann aber auch die Lernstufe der Anwendung dieser Technik erreichen. Welche Vorgehensweise verwenden Sie, um sicherzustellen, daß die Anforderungen am Arbeitsplatz eines Teilnehmers mit seiner Lehrintensitätsstufe in dem von Ihnen geplanten Seminar übereinstimmen?

5. Halten Sie es für notwendig, die Lern- und Erfahrungsvergangenheit der Teilnehmer in Ihrer Programmplanung zu berücksichtigen? Wenn ja, führen Sie ein Beispiel aus Ihrer Praxis an.

6. Ist Ihnen das erfahrungsorientierte Lernmodell bekannt? Wenn ja, führen Sie im einzelnen aus, wie Sie es einsetzen.

7. Verwenden Sie als Referent bestimmte Unterrichtsprinzipien, die den Lerntransfer der Teilnehmer begünstigen, oder legen Sie ihren eingeladenen Referenten nahe, bestimmte lerntransfer-fördernde Unterrichtsprinzipien zu betonen. Wenn ja, welche?

8. Setzen Sie noch während Ihrer Programme bestimmte Übungen ein, die den primären Zweck einer Lerntransfer-Sicherung verfolgen? Wenn ja, welche?

9. Sind Ihre Programme mit einer systematischen Lerntransfer-Evaluierung ausgestattet? Führen Sie kurz aus, was Sie mit den Teilnehmern in der Follow-up-Phase machen?

10. In jedem Unternehmen kann es Lerntransfer-Hindernisse für die Teilnehmer Ihrer Programme geben, auf die Sie als Programmplaner wenig Einfluß haben. Führen Sie im einzelnen
    a) die wesentlichen Lerntransfer-Hindernisse im Unternehmen auf und
    b) nennen Sie die Maßnahmen, die sie ergriffen haben, um diese Lerntransfer-Hindernisse zu reduzieren.

4.2 Lernpsychologische Aspekte in der Durchführung von Management-Kursen

Die Durchführung von Managementkursen vernachlässigt immer wieder essentielle lernpsychologische Aspekte, obwohl die Weiterbildung von Führungskräften als eine pädagogische oder besser andragogische Veranstaltung im weitesten Sinne aufzufassen ist. Wie aber bei jedem pädagogischen Akt die Lernpsychologie eine gewisse Bedeutung hat, so wirken auch bei der Management-Andragogik[98] lernpsychologische Überlegungen bei der Pla-

98 Management-Andragogik ist als eine spezielle Erwachsenenbildung zu verstehen, die ihr Identitätsobjekt in der Weiterbildung von Führungskräften der verschiedensten sozialen Organisationen sieht. Vgl. im einzelnen *Stiefel, Rolf Th.:* Management-Andragogik. Eine neue Richtung in der Wirtschaftspädagogik?, in: Wirtschaft und Erziehung, 19. Jg., Nr. 10/1967, S. 439 ff. und ders.: Brauchen wir management-andragogische Lehrstühle?, in: Betriebswirtschaftliche Forschung und Praxis, 22. Jg., Nr. 9/1970, S. 525 ff.

nung und Durchführung von Kursen auf die Effizienz jener Veranstaltungen ein. Im folgenden werden einige Aspekte aus diesem Fragenbereich aufgezeigt.

4.2.1 Wesen des Lernprozesses

Die Lernpsychologie befaßt sich in ihrem Forschungsbereich damit, wie gelernt wird und nicht, was gelernt wird. Der Lernvorgang kann nicht unmittelbar beobachtet werden, vielmehr versucht man, durch Messungen vor und nach dem Lernvorgang festzustellen, was differentiell gelernt wurde. Der Lernprozeß als solcher kann nur durch Interpretation der Ergebnisse erklärt werden. So trivial diese Aussage sein mag, so wichtig ist sie im Grunde für unser Verständnis, warum es so viele Lerntheorien gibt, die alle jenen Vorgang erläutern wollen.

Was ist nun eigentlich Lernen? Die Lernpsychologen beschreiben Lernen als jenen Unterschied in einer Reaktion R auf einen gleichen Stimulus S während zwei Zeitpunkten. In lernpsychologischer Kurzschrift können wir demnach Lernen in der folgenden Weise abkürzen:

Vor dem Lernakt	Nach dem Lernakt
S1 → R1	S1 → R2

Trotz *Skinner, Guthrie, Liddell, Hull* und *Thorndike* mit ihren an Affen-, Tauben- und Rattenversuchen aufgestellten Lerntheorien wissen wir im Grunde noch nicht genügend über den Lernprozeß bei Erwachsenen. Zunächst ist die beschränkte Übertragbarkeit anzumerken, zum zweiten ist der Erwachsene nicht ein bestimmter Typ, sondern hat eine sehr breite altersmäßige Spannweite.

4.2.2 Charakterisierung der Führungskraft in Management-Kursen

Eine lernpsychologische Betrachtung von Managementkursen kann nicht umhin, eine Beschreibung des Teilnehmertyps voranzuschicken. Dabei zeigt sich auch bei den Managementkursen eine gewisse Typenvielfalt, die vorab geklärt werden soll.

Managementkurse sind grundsätzlich in drei Kategorien einzuteilen:

- Managementkurse auf Universitätsebene als Teil einer akademischen Grundausbildung („undergraduate"- und „graduate"-Ebene),
- Managementkurse als akademische Zusatzausbildung in unmittelbarem Anschluß an die akademische Grundausbildung („postgraduate"-Ebene),
- Managementkurse für schon in der Praxis stehende Führungskräfte („post-experience"-Ebene).

Auf sämtlichen drei Ebenen haben wir einen unterschiedlichen Teilnehmertyp, für den unter Umständen andere Bedingungen und Gesetzmäßigkeiten im Lernprozeß gelten.

Wir beschränken unsere Aussage auf die dritte Gruppe, zumal sie zahlenmäßig die größte und auch bei weitem die bedeutendste Kategorie darstellt.

Im wesentlichen sind es die folgenden Merkmale, die sie als „Schüler" in den Managementkursen für erfahrene Führungskräfte auszeichnen:

- Die Altersspannweite reicht in der Regel von der ersten Erwachsenenphase bis zur ersten Altersphase.
- Der Reifegrad ist höher.
- Sie sind wesentlich geneigter, Lücken in ihrem Wissen einzugestehen.
- Durch ihren praktischen Erfahrungsschatz und ihre grundsätzliche Aktionsorientierung sind sie sehr skeptisch gegenüber einer zu theoretischen Behandlung des Lehrstoffs.
- Sie haben grundsätzlich die Umsetzbarkeit des Lehrstoffs in Instrumente zur Lösung von praktischen Problemen vor Augen.
- Sie sind kritisch in der Aufnahme neuer Konzeptionen.

Mit diesen Merkmalen im Auge wollen wir nun zu den Bedingungen übergehen, die den Lernprozeß dieser erfahrenen Führungskräfte positiv beeinflussen.

4.2.3 Lernfaktoren

4.2.3.1 Motivation der Teilnehmer

Der Hauptfaktor jeder Art von Lernen ist die Motivation. Der Verhaltenswissenschaftlicher *Vroom* kann hier stellvertretend genannt werden, wenn er diesen Faktor in der folgenden Weise umschreibt „. . . the amount of learning in any training or educational environment is a function of the motivation of the student to learn".[99]

Während in der universitären Managementschulung die Motivation der Studenten durch Examenssystem erreicht werden kann, versagen in der Managementschulung für erfahrene Führungskräfte diese exogenen Motivatoren. Kein erfahrener Manager läßt sich durch ein Abschlußzeugnis motivieren.

99 *Vroom, Victor H.:* Some Implications of Research on Learning for Management Development. A Paper Given at a Seminar on „The Learning Process and Teaching Methods", *Egelund* (Dänemark), 16–19 Juni, 1968, S. 4.

Es müssen neue Wege gegangen werden, die allerdings auch für universitäre und postgraduale Managementkurse überlegenswert sind, denn allzu oft führt das exogene Motivationssystem über Prüfungen, Hausarbeiten und Klausuren dazu, daß die Motivation, ein Fachgebiet zu erlernen oder sich bestimmte Führungsfähigkeiten anzueignen, in der Motivation, ein Examen zu bestehen, einmündet.

Wir haben bei der Durchführung von Managementkursen gute Erfahrungen mit der Methode gemacht, die Teilnehmer vor dem eigentlichen Seminar ihre Probleme nennen zu lassen. („Problem Posting")[100] . Damit wird erreicht, daß die Teilnehmer über den Lehrstoff selbst motiviert werden, indem sie während des Seminars selbst erkennen können, daß er zur Lösung ihrer Probleme einen Beitrag leistet und in Verbindung steht. Die Motivation wird zusätzlich beeinflußt, wenn die einzelnen Teilnehmer erkennen, daß sie mit ihren Problemen nicht allein sind, sondern daß ihre Probleme von den übrigen Teilnehmern gleich oder ähnlich gesehen worden sind.

4.2.3.2 Einsicht in die Unzulänglichkeit des gegenwärtigen Kenntnisstandes

Eng mit der Motivation hängt die Einsicht in die Unzulänglichkeit des gegenwärtigen Kenntnisstandes zusammen. Ein Teilnehmer muß das Bedürfnis haben, daß er etwas lernen muß. Dieses Bedürfnis haben wir in etwa mit der Motivation als einem Lernfaktor gleichgesetzt. Logisch vorgeschaltet muß der Teilnehmer das Bewußtsein haben, daß diese Unzulänglichkeit im eigenen Kenntnisbereich besteht, aus der dann der Antrieb entspringt, diese Lücken im kognitiven, affektiven und psychomotorischen Lernbereich aufzufüllen. Wir haben diesen Faktor als selbständigen Faktor aufgeführt, weil wir ihn als äußerst wichtig für den gesamten Lernerfolg erachten. Zum zweiten wollten wir das Bewußtmachen von „Kenntnis-, Verhaltens- und Fähigkeitslücken" klar von dem Bedürfnis, diese Lücken zu füllen, trennen, weil wir später zeigen wollen, daß eine Management-Schule keinerlei Funktionen bei diesem Lernfaktor übernehmen kann.[101]

100 *Maier, Norman R.F.:* Principles of Human Relations. Applications to Management, New York 1952, S. 83 ff. *(Maier* beschreibt sehr ausführlich, wie diese Methode, Teilnehmer zu motivieren, gehandhabt werden soll).

101 Wir wollen es nicht versäumen, schon hier auf einen Aufsatz hinzuweisen, der das Problem – allerdings auf einem sehr hohen behavioristischen Abstraktionsgrad – behandelt: *Lundberg, Craig C.: Sproule, Robert E.:* Readiness for Management Development: An Exploratory Note, in: California Management Review, X. Jg., Heft 4/1968, S. 73 ff.

4.2.3.3 Möglichkeit zur Einübung der neuen Lerninhalte

Der kunstlehrenhafte Charakter[102] der Managementlehre, der nie in Frage gestellt wurde und in dem etwas vornehmeren Ausdruck der Aktionsorientiertheit seinen Niederschlag findet, bedeutet einen ganz klar formulierten Auftrag für die Festlegung des Lernziels. Nicht Wissen über Theorien der Konfliktlösung im modernen Großbetrieb, sondern Fähigkeiten zur Lösung von Konflikten muß als Lernziel formuliert sein, wenn wir einmal dieses Beispiel wählen dürfen. Das bedeutet, daß wir die Teilnehmer nicht in eine passive Zuhörerrolle versetzen dürfen, die anschließend durch eine kurze Diskussion — wie es so häufig üblich ist — aufgelockert wird, sondern wir müssen die Teilnehmer auf die Ebene des „praktischen Ausprobierens" bringen, wenn wir das als sinnvoll erkannte Lehrziel erreichen wollen.

Es ist heute in Veröffentlichungen über die Führungskräfte-Schulung üblich, daß auf die Aktivitätspädagogik als notwendige Erfolgsbedingung verwiesen wird. Und trotzdem werden in den Managementkursen noch viel zu viele „Konzepte" vorgetragen, die man den Teilnehmern besser in Form eines Aufsatzes ausgegeben hätte, um sie dann anschließend auf der psychomotorischen Ebene in Form von Projekten anwenden zu lassen.[103]

Die Aktivitätspädagogik darf sich nicht in Planspielen und der Arbeit in Fällen erschöpfen. Vielmehr sollte versucht werden, eine durchgängig motorische Ausrichtung des Unterrichts in Managementkursen anzustreben und die kognitiven Lehrinhalte auf ein Minimum zu reduzieren.

4.2.3.4 „Feedback" des Lernerfolgs

Als weiterer Lernfaktor ist die Mitteilung des Lernerfolgs an die Teilnehmer aufzuführen. Solange den Teilnehmern kein Einblick in den Lernfortschritt — oder auch Lernrückschritt — gewährt wird, haben sie keine Möglichkeit, ihr Lernen zu beurteilen, damit es anschließend in ihren schon vorhandenen „Bestand" integriert wird.

Zur Sicherung eines positiven Lernerfolgs müssen in Managementkursen Bestrebungen getroffen werden, daß ein permanentes Feedback-Verfahren auf-

102 Wir wollen hier den *Schmalenbach'scnen* Ausdruck der Kunstlehre zur Charakterisierung der Managementlehre verwenden, ohne in ihm jenes Negative zu sehen, das ihm die *Rieger*-Schüler *(Linhardt, Fettel, Bergier)* zuschrieben. Vgl. auch im einzelnen *Schönpflug, Fritz:* Betriebswirtschaftslehre. Methoden und Hauptströmungen, 2. Aufl., Stuttgart 1954.

103 Gegen die zu stark kognitive Behandlung des Managementlehrstoffs und die wenig ausgeprägte motorische Unterrichtsweise vorzugsweise an realen Projekten richtet sich teilweise auch das Werk von *Revans.* Vgl. im einzelnen *Revans, Reginald W.:* Developing Effective Managers. A New Approach to Business Education, London 1971.

gebaut wird. Neben der klassischen „Feedback-Quelle", dem Lehrer, können in der qualifizierten Erwachsenenbildung aber auch die Teilnehmer verwendet werden, die sich untereinander Feedback geben. Aber auch die moderne Erziehungstechnologie mit Videorecorder und anderen Instrumenten kann dafür genützt werden.

Jeder einfache Fragebogen, der zur Transparenz des Gruppenprozesses während der Kleingruppenarbeit von den Teilnehmern ausgefüllt wird, gibt den einzelnen Teilnehmern eine Menge Daten zur Fremd- und Selbstwahrnehmung. Ergänzend zur Prozeßanalyse können auch andere Instrumente aus der Gruppendynamik, insbesondere dem „Sensitivity-Training" übernommen werden, bei denen die Teilnehmer sehr aktiv in ein Feedback-System eingespannt werden.

Beobachtungen in deutschsprachigen Managementkursen zeigen immer wieder, daß sich die Teilnehmer untereinander nicht weh tun wollen und sich gegenseitig mit Samthandschuhen anfassen. So werden Gruppensprecherberichte während der ersten Hälfte eines Managementkurses selten hart kritisiert.

Damit das Feedback untereinander schon von der ersten Stunde an fruchtbar ist, sollte am Anfang jedes Managementkurses kurz über das Wesen des Feedback gesprochen werden, wobei die Thematik in *Lewin's* Kraftfeldanalyse eingebaut werden kann. Wenn einmal eine Feedbackatmosphäre geschaffen wurde, stellt sich das Feedback unter den Teilnehmern leichter ein und führt letztlich zu einem positiven Lernerfolg.

4.2.4 Transfer des Lernerfolgs

Ein positiver Lernerfolg nach dem Besuch eines Managementkurses kann nicht das Ziel sein. Vielmehr ist jede Unternehmung daran interessiert, daß die in einer Management-Schulung erworbenen Kenntnisse auch am Arbeitsplatz eingesetzt werden.

Wir begegnen häufig der Situation, daß sich ein positiver Lernerfolg am Ende einer Schulung nicht am Arbeitsplatz des Teilnehmers widerspiegelt. Dafür kann es eine lernpsychologische und eine organisationspsychologische Begründung geben.

4.2.4.1 Lernpsychologische Hemmnisse des Lerntransfers

Die lernpsychologische Erklärung geht von zwei „Transfer"-Theorien aus, die allerdings nur auf den ersten Blick widersprüchlich erscheinen, im Grunde aber durchaus konsistent sind.

Die von *Thorndike* entwickelte Theorie der identischen Elemente (theory of identical) besagt, daß ein Transfer des Lernerfolgs nur dann eintritt, wenn die Situation am Arbeitsplatz mit dem Lernbeispiel in ihren Elementen identisch ist. Demnach könnte es sein, daß der Teilnehmer die Entscheidungsbaumanalyse anhand der Einführung eines neuen Produkts gelernt hat, in seinem finanzwirtschaftlich ausgerichteten Arbeitsbereich aber nicht anzuwenden weiß. Die Generalisationstheorie (theory of transfer through principles) geht davon aus, daß ein Transfer in dem Maße stattfindet, in dem es möglich ist, die Erkenntnisse der Lernsituation so zu verallgemeinern, daß sie auch für die Aufgaben am Arbeitsplatz gelten. Was heißt nun aber verallgemeinern? Im Grunde lassen sich Erkenntnisse für arbeitsplatzbezogene Situationen nur dann verallgemeinern, wenn die Lernsituation und der Arbeitsbereich identische Elemente haben. Es ist somit leicht zu erkennen, daß die Theorie der identischen Elemente in der Generalisationstheorie enthalten ist.[104]

Welche Konsequenz ergibt sich daraus für den Unterrichtsgestalter in einem Managementkurs, in dem die Teilnehmer verschiedener Firmen mit unterschiedlicher Betriebsgröße aus den mannigfachen Branchen vertreten sind?

Soll eine gewisse Erkenntnis, sprich „Aufbau eines Management-Informationssystems", in die verschiedenen Arbeitsbereiche der Teilnehmer „transferiert" werden, dann muß schon während des Unterrichts die Erkenntnis so weit verallgemeinert werden, daß sie auch für andere Bereiche als jenem, aus dem sie gewonnen wurde, anwendbar wird. Dies gilt insbesondere dann, wenn die neue Erkenntnis auf induktivem Wege, wie etwa einem Fall aus der Holzbranche mit einem ganz besonderen Betriebsaufbau, gewonnen wurde. Nur zu oft wird gerade beim klassischen Harvard-Fall der Teilnehmer mit dem Transfer-Problem allein gelassen und findet dann keine Möglichkeit in seinem pharmazeutischen Großhandel daheim, die Erkenntnisse des Aufbaus eines integrierten Management-Informationssystems, gelernt an einem Fall der Holzbranche, anzuwenden.

Die Transfer-Theorien lassen die immer wieder als sehr positiv gepriesene große Heterogenität der Teilnehmer nach Firmengröße, Branchenzugehörigkeit, Absatzverhalten, also Faktoren, die mit der Heterogenität des Arbeitsplatzes der Teilnehmer letztlich zu tun haben, als sehr zweifelhaft erscheinen. Und doch sieht man in den Broschüren vieler Management-In-

104 Vgl. auch dazu *Bass, Bernard M./Vaughan, James A.:* The Psychology of Learning for Managers. American Foundation for Management Research, New York 1965, S. 39, und *Correll, Werner:* Lernpsychologie Grundfragen und pädagogische Konsequenzen, 9. Aufl., Donauwörth 1970, S. 158 f.

stitute immer wieder den voller Stolz ausgedruckten Satz, daß man auf die Heterogenität der Firmen, die Teilnehmer zu Kursen entsenden, besonderen Wert legt.[105]

Die Veranstalter von Marketingkursen haben in den letzten Jahren – bewußt oder unbewußt – die assoziationspsychologischen Argumente der Transfer-Theorien verstanden und bieten heute überwiegend für Konsum- und Produktionsgüterfirmen getrennte Marketingkurse an.

4.2.4.2 Organisationspsychologische Hemmnisse des Lerntransfers

Trotz lernpsychologisch günstiger Ausgangslage können organisationspsychologische Hemmnisse vorliegen, die den Lerntransfer unterbinden.

Das Verhalten des unmittelbaren Vorgesetzten erlaubt häufig nicht, daß die auf einer Management-Schulung gelernten Erkenntnisse am Arbeitsplatz angewandt werden. Der Vorgesetzte steht Neuerungen vielfach skeptisch gegenüber und wehrt häufig jede Anstrengung auf eine Änderung mit dem Argument ab, daß der der Methode zugrundeliegende Gedanke zwar richtig sein mag, daß es aber für die Größe des Unternehmens nicht praktikabel sei oder, daß man nicht die geeigneten Mitarbeiter dafür habe, diesen oder jenen Weg zu beschreiten.[106] Aber auch im Organisationsklima können Hemmnisse begründet sein, die der Anwendung neuer Erkenntnisse im Wege stehen. Gewisse Organisationsrichtlinien, Kontrollsysteme, Arbeitsplatzbeschreibungen und andere sichtbare und unsichtbare Instrumente der betrieblichen Organisation können dem Lerntransfer als Bollwerk im Wege stehen. Dazu gehört insbesondere auch die Haltung des Top Management, die eine entscheidende Rolle übernehmen kann.

Wie reagiert nun in der Regel ein Teilnehmer einer Management-Schulung, wenn organisationspsychologische Hemmnisse den Lerntransfer vereiteln?

– Er paßt sich dem Verhalten seines Vorgesetzten und den von der Organisation aufgezwungenen Bedingungen an. Damit wird der Effekt der Schulung für die Unternehmung gleich Null, obwohl der Kurs gut strukturiert war, bei dem Teilnehmer zu einem positiven Lernerfolg führte und auch die lernpsychologischen Transfer-Voraussetzungen gegeben waren.

105 Es soll in diesem Zusammenhang noch einmal betont werden, daß unsere kritische Bemerkung hinsichtlich einer zu großen Heterogenität nur unter dem Aspekt des Lerntransfers zu sehen ist. Es mag andere Überlegungen geben, bei denen sich die Heterogenität der Teilnehmer als indifferent oder sogar positiv erweist, doch wird man dann die Vor- und Nachteile abzuwägen haben.

106 Vgl. auch die interessante empirische Erhebung zu diesem Thema bei *Willig, Jean-Claude:* Send the Bosses Back to School! Complain Young MBAs, in: European Business, Nr. 28/1971, S. 20 ff.

– Die organisationspsychologischen Hemmnisse können zu einer enormen Frustration bei dem Teilnehmer führen. Diese Frustration kann verursachen, daß der Teilnehmer sich nicht mehr mit seiner Aufgabe identifiziert, seine Motivation nachläßt und er schließlich dem Unternehmen den Rücken kehrt.[107]

4.2.5 Lerntransfer-Strategien

Im folgenden sollen einige Konzepte vorgestellt werden, die sich alle zum Ziel setzen, einen positiven Lernerfolg in Managementkursen zum Arbeitsplatz zu transferieren. Wir unterscheiden dabei Strategien, die den einzelnen Manager als „Lerneinheit" sehen und bei ihm hinsichtlich des Lerntransfers ansetzen, und Strategien, die Lerntransfer-Hemmnisse über Lerngruppen beseitigen wollen.

4.2.5.1 Individuelle Transfer-Strategien

4.2.5.1.1 Management Development „von oben nach unten"

Diese Strategie geht davon aus, daß immer die ranghöhere Führungskraft zuerst geschult werden muß, bevor ihre Mitarbeiter zu einer Schulung entsandt werden. Damit sollen insbesondere jene organisationspsychologischen Hemmnisse ausgemerzt werden, die sich in der Unwissenheit, Innovationsträgheit und mangelnden Flexibilität des Vorgesetzten einstellen, wenn ein Untergebener Neuerungen durchsetzen will.

„Incumbent executive are not ‚professionals', rather, in many instances, they are amateurs lacking a knowledge or understanding of management problems. The MBAs accuse their bosses of failing to analyze problems ofjectively and of reaching arbitrary decisions; they also blame them for their diehard resistance to change and their low capacity for innovation"[108].

107 . Wir wollen in diesem Zusammenhang nur auf zwei empirische Erhebungen verweisen, die sich mit diesem Problem auseinandersetzen. *Andrews* schildert bei der Auswertung von mehr als 10 000 Fragebögen, ausgefüllt von Führungskräften, die externe Veranstaltungen besuchten, daß 6 Prozent innerhalb von 2 Jahren nach der Rückkehr von der Schulung das Unternehmen verlassen haben. Siehe *Andrews, Kenneth R.:* The Effectiveness of University Management Development Programms, Boston 1966, S. 129. Siehe auch *Sykes, A.J.N.:* The Effects of a Supervisory Training Course in Changing Supervisor's Perceptions and Expectations of the Role of Management, in: Human Relations, August 1962, S. 227. *Sykes* berichtet ein Beispiel, in dem 97 untere Führungskräfte (Supervisors) einen externen Kurs besuchten und von denen 19 die Firma verließen, während 25 einen anderen Arbeitsplatz im Unternehmen wünschten.

108 *Willig, Jean-Claude:* a.a.O. S. 23.

Hat diese Strategie systematisch ihren Ausgangspunkt an der Unternehmensspitze, dann können berechtigte Hoffnungen erhoben werden, daß die organisationsklimatischen Hindernisse nicht zu groß sind. Eine ähnliche Strategie verfolgt *House's* „Commitment Approach"[109]. Das Top Management übernimmt in den entscheidenden Phasen eine aktive Rolle im Management Development und minimiert damit die organisationspsychologischen Hemmnisse für den Lerntransfer. „Development objectives are derived from policy decisions by top management. These decisions are based on readings, surveys of lowerlevel managers to determine what they think problems are, and top management's own specific knowledge of conditions within the organization. If any of these sources indicate that the organizational environment will interfere with development, these problems are treated before initiating the development process. These policies are adopted first by top management and then by progressively lower levels of management. This provides an example for groups that are to learn new procedures and insures that mangers who use methods learned during development will not find that these conflict with those used by their superiors".[110]

4.2.5.1.2 Management Development mit anschließender Versetzung des Teilnehmers

Jede Rückkehr von einer Management-Schulung an den gleichen Arbeitsplatz verursacht gewisse Probleme. Dabei wird dieses ‚Re-entry Problem" – wie es manchmal scherzhaft in Anlehnung an die Raumfahrerterminologie genannt wird – um so größer sein, je länger die Teilnehmer zur Schulung waren. Die Entsendung an einen evtl. ausländischen Management-Lehrgang wird von den Kollegen immer etwas neidvoll betrachtet, zumal neben dem „warum nicht ich" auch häufig noch die Übernahme eines Teils der Arbeit des Kursteilnehmers tritt. Zu diesen Spannungen treten nach der Rückkehr noch falsche Erwartungen auf beiden Seiten, so daß dadurch sehr leicht Hindernisse für den Lerntransfer aufgebaut werden.

Grundsätzlich sollte bei längeren Schulungen die Kursteilnahme mit einem anschließenden Arbeitsplatzwechsel verbunden werden. Dabei sehen wir in einem Kurs, der 8 Wochen übersteigt und residentiell durchgeführt wird, ohne daß der Teilnehmer Fühlung mit dem Betrieb hat (was bei jedem externen Kurs Bedingung sein sollte), die Grenze, ab der ein Arbeitsplatzwechsel unter den oben erwähnten Aspekten überlegenswert wird.

109 Vgl. im einzelnen *House, Robert J.:* Designing the Organizationwide Development Programm – The Commitment Approach, in: *House, Robert J.* (Hrsg.): Management Development: Design, Evaluation, and Implementation, Ann Arbor 1967, S. 45 ff.

110 Ebenda, S. 64.

4.2.5.1.3 Management Development mit spezieller Vermittlung von „Re-entry"-Fähigkeiten

Die Vermittlung von speziellen Fähigkeiten, mit organisationspsychologischen Hindernissen fertig zu werden, ist wieder eine andere Strategie, die den Lerntransfer begünstigt. Am Ende eines Managementkurses wird der Teilnehmer systematisch auf Situationen vorbereitet, die ihn nach Rückkehr von der Schulung im Betrieb erwarten. Er simuliert das „Re-entry"-Problem im Managementkurs.[111]

Ein gut strukturierter Fall, der sich mit dem „Re-entry" Problem beschäftigt, sollte eigentlich als Minimalbedingung am Ende jedes längeren Managementkurses behandelt werden. Darüber hinaus können die Teilnehmer in einer Arbeit Kraftfeldanalyse die hemmenden Faktoren und die Antriebskräfte für eine Einführung von neuen Erkenntnissen am Arbeitsplatz auflisten und sich spezielle Strategien in der Kleingruppenarbeit aneignen, wie sie am besten mit ihren individuellen organisationspsychologischen Hindernissen in ihren Unternehmen fertig werden.

4.2.5.2 Lerntransfer-Strategien mit Ausrichtung auf die Lerngruppe

Nicht mehr der einzelne Manager wird geschult, sondern Gruppen von Führungskräften werden gleichzeitig auf einen Managementkurs geschickt. Damit wird erreicht, daß mehr Manager gleichzeitig versuchen, Erkenntnisse der Schulung an den Arbeitsplatz zu transferieren. Gehen wir davon aus, daß es bei der Einführung von neuen Ideen auch so etwas wie eine „Kritische Masse" gibt, dann wird mit dieser Transfer-Strategie das Ziel effizienter angegangen als mit der Ausrichtung auf den einzelnen Manager.

In der Praxis wurden in den letzten Jahren verschiedene Vorgehensweisen entwickelt, die als „Organization Development"-Modelle im Schrifttum beschrieben werden, und die sich alle darin ähneln, daß sie Führungskräfte zu Lerngruppen zusammenfassen und sie in einem bestimmten Verfahren schulen. Dabei kann sich die Lerngruppe aus Führungskräften der Abteilung zusammensetzen, wie es beim „Managerial Grid-Training"[112] der Fall ist,

111 Die Ausstattung mit dieser Art von speziellen Fähigkeiten wird im amerikanischen Schrifttum mit „coping" umschrieben. Vgl. dazu *Menninger, Karl/Maymann, Martin/Pruyser, Paul:* The Vital Balance: The Life Process in Mental Health and Illness, New York 1963, S. 129 ff.

112 Vgl. hinsichtlich der Konzeption *Blake, Robert R.: Mouton, Jame Srygley:* Building a Dynamic Corporation Through Grid Organization Development, Reading – Menlo Park – London – Don Mills 1969. Ein praktisches Beispiel findet sich bei *Blake, Robert R./Mouton, Jame S./Barnes, Louis B./Greiner, Larry E.:* Breakthrough in Organization Developement, in: Executive Development Series. Reprints from Harvard Business Review, Teil I, S. 1 ff.

oder sie kann sich auf „Organisationsfamilien" erstrecken, eine Vorgehensweise, die vor allem von *Floyd Mann* verwendet wird.[113]

Wir wollen im einzelnen nicht auf die mannigfachen Modelle eingehen, sondern verweisen im einzelnen auf die diesbezügliche Literatur.[114]

4.2.6 Modelle eines Management-Kurses in lernpsychologischer Sicht

Unsere bisherigen Ausführungen haben gezeigt, daß zu einem lernpsychologisch fundierten Managementkurs mehr gehört, als nur die Teilnehmer einer bestimmten Führungsebene zu einem Kurs einzuladen und ihnen von einigen bekannten Referenten neue Konzepte vortragen zu lassen.

Wir sehen im wesentlichen drei Abschnitte bei der Durchführung einer Management-Schulung:

- eine der Schulung vorgelagerte Phase
- eigentliche Schulung
- eine der Schulung folgende Phase.

In der der Schulung vorgelagerten Phase muß der Teilnehmer im wahrsten Sinne „konditioniert" werden. *Schein* bezeichnet diese Phase in Anlehnung an *Lewin's* „Änderungsmodell" „unfreezing", in der die Bereitschaft für das erfolgreiche Teilnehmen an einem Managementkurs geweckt werden muß. „An alteration of the forces acting on the individual, such that his stable equilibrium is disturbed sufficiently to motivate him and to make him ready to change; this can be accomplished either by increasing the pressure to change or by reducing some of the threats or resistances to change".[115]

113 Vgl. im einzelnen *Mann, Floyd C.:* Studying and Creating Change: A Meants to Understanding Social Organization. Research in Industrial Relations, Research Association, No. 17 „Organisationsfamilien" bauen auf den Erkenntnissen der Gruppensoziologie auf. In *Likert's* Modell, das von *Mann* übernommen wurde, erscheinen die einzelnen Führungskräfte jeweils als Verbindungsglieder zweier Gruppen, denen sie je in unterschiedlicher hierarchischer Stellung angehören – als Untergebener in der oberen Gruppe und des Vorgesetzten in der unteren Gruppe. Siehe auch als Ergänzung *Likert, Rensis:* Neue Ansätze der Unternehmensführung, Bern 1969 (Übersetzung von New Patterns of Management).

114. Eine ausgezeichnete Übersicht sowie eine Einführung in weiterführendes Schrifttum findet sich bei *Katz, Daniel/Kahn, Robert L.:* The Social Psychology of Organizations, New York – London – Sidney 1966, S. 390 ff. Hinsichtlich des neueren und neuesten Schrifttums sei auf *Bennis, Warren G.:* Organization Development. Its Nature, Origins, and Prospects, Reading – Menlo Park – London – Don Mills 1969; *Bennis, W.G./Benne, K.D./Chin, R.:* The Planning of Change, New York 1969; *Argyris, Chris:* Intervention Theory and Method. A. Behavioral Science View, Reading – Menlo Park – London – Don Mills 1970, verwiesen.

115 *Schein, Edgar H.:* Management Development as a Process of Influence, in: *Hampton, David R./Summer, Charles E./Weber, Ross A.* (Hrsg.): Organizational Behaviour and the Practice of Management, Glenview 1968, S. 527.

Die Hauptaufgabe fällt hier der betrieblichen Schulungsabteilung zu, die mit der Linie ein Konzept ausarbeiten muß, wie der Teilnehmer für den Managementkurs „vorbereitet" wird. Aber auch der externe Schulungsträger sollte sich bewußt werden, daß die Teilnahme einer Führungskraft an einem Managementkurs nur dann erfolgreich ist, wenn gewisse lernpsychologische Voraussetzungen geschaffen wurden. Deshalb sollten die Verantwortlichen eines extern durchgeführten Managementkurses enger mit den betrieblichen Schulungsabteilungen zusammenarbeiten und sicherstellen, daß vor der Zulassung der Teilnehmer im Betrieb entsprechend vorbereitet wurde.

Die eigentliche Schulungsphase sollte wesentlich mehr als bisher lernpsychologische Überlegungen berücksichtigen und die Bedingungen des Lernens bewußter im Lehrplan einbauen. Dazu gehört – wie schon erwähnt – eine stärkere motorische Ausrichtung des Unterrichts sowie die Verwendung von verschiedenen Feedback-Instrumenten.

Auch in der der Schulung folgenden Phase wäre eine stärkere Zusammenarbeit zwischen externer Schulungsleitung und der Unternehmung zwischen externer Schulungsleitung und der Unternehmung wünschenswert. Jeder Veranstaltungsträger von Managementkursen sollte es als Teil einer professionellen Ethik sehen, daß ein Maximum an lerntransferunterstützenden Maßnahmen im Lehrplan eingebaut wird. Darüber hinaus kann ein Managementinstitut den Betrieb auf jene organisationspsychologischen Hemmnisse aufmerksam machen, die dem Lerntransfer im Wege stehen.

Die Durchführung von Managementkursen muß in Zukunft eine höhere Stufe der Professionalisierung anstreben, wenn ihre Bemühungen ernst genommen werden wollen. Dieser Stufe ist dadurch zu erreichen, daß in verstärktem Maße die Bedingungen und Gesetzmäßigkeiten des Lernens berücksichtigt werden.

4.3 Netzplan für die Seminar-Durchführung

Seminare sind so gut, wie sie vorbereitet wurden. Läuft alles ohne Pannen ab, erntet der Kursleiter kaum Dank für Planung und Organisation. Sind aber die Stühle im Tagungsraum so sitzfleischfeindlich, daß die Seminaristen ständig darauf herumrutschen, muß der Referent bei jedem vorbeidonnernden Lastwagen eine Zwangspause einlegen. Fehlen für die Gruppenarbeit separate Räume mit Tafeln – dann nützen die besten Fallstudien und renommierte Referenten nichts. Für die Teilnehmer war das Seminar schleppend und schlecht.

Die Seminar-Checklist (Seite 86 ff.) ist in vier Teile aufgegliedert. Es sind alle Aktivitäten aufgeführt, die für die Planung 1, Organisation 2 und Auswertung 4 eines Seminars unerläßlich sind. Der Leitfaden für die Durchführung 3 bildet das Seminarprogramm.

In den Netzplan sind chronologisch alle Aktivitäten aus der Checklist übertragen. Jeweils zwischen zwei Knoten muß das mit dem Stichwort Gekennzeichnete passieren. Ein Beispiel: Wurde schon ein passendes Hotel gefunden (Netzplan zwischen Knoten 18 und 20), steht in der Checklist, was alles mit dem Hotelier verhandelt und geregelt werden muß.

Die Zahlen in den Knoten sagen nichts über den Zeitbedarf aus, sie sind nur Orientierungshilfen.

Umgekehrt finden sich in der Checklist hinter dem Punkt: „Verhandeln mit dem Hotel über ..." die Netzplannummern 20 bis 22. Die beiden Knoten 20 und 22 im Netzplan geben den Standort im Gesamtablauf wieder. Auf diese Weise kann sich jeder Kursleiter ständig selbst kontrollieren. Er sieht, was vorher alles erledigt werden mußte, und was nachher noch passieren muß.

Für wann der zeitliche Beginn festzulegen und wie lange für jede Wegstrecke zu rechnen ist, hängt ganz von der Art des Seminars oder der Tagung ab. Im skizzierten Netzplan (Seite 91, 92) sind Zeiträume bis zum Seminarbeginn angegeben, die mindestens einzuhalten sind. Besonders gefragte Referenten und bevorzugte Hotels sind teilweise sehr lange im voraus ausgebucht.

Für jedes Seminar sollte ein neuer Netzplanbogen und eine neue Checklist angelegt werden. Die Zeitwerte für jede Aktivität, mit denen mindestens zu rechnen ist, werden über die einzelnen Wegstrecken eingetragen. Reservezeiten nicht vergessen.

Zur Illustration: Werden vielbeschäftigte Manager erst zwei Wochen vor Seminarbeginn eingeladen (Netzplan 34–36), läuft das Seminar wahrscheinlich vor leeren Stühlen ab.

Hier noch zwei Kommentare:

1. Was ist mit den Empfehlungen der Kursteilnehmer an Adressaten gemeint (Netzplan 56–62)? Steht das Thema „Kommunikation" im Seminarprogramm, kann damit gerechnet werden, daß die Teilnehmer eine Reihe brauchbarer Vorschläge zur Verbesserung der innerbetrieblichen Kommunikation machen. Damit diese nicht unter den Tisch fallen, protokolliert sie der Kursleiter und gibt sie an die zuständigen Abteilungen weiter.

2. Folge- (follow up) Maßnahmen (Netzplan 60–66): Werden im Seminar für die Teilnehmer völlig neue Themen behandelt, sollten diese Kursinhalte hinterher noch vertieft werden. Je nach Thema sollten an die Teilnehmer ein- oder mehrmals Literatur, Artikel oder Erfahrungsberichte versandt oder nach drei bis sechs Monaten ein Wiederholungs-Kursseminar durchgeführt werden.

Checklist: SEMINAR–NETZPLAN

1. Planung

		Netzplan-nummer
1.1	*Thema/Methode*	
1.11	Definition der Themen	2– 4
1.12	Abstimmung mit Ausbildungskonzeption, Trainingsausschuß, Personal- und Fachabteilung, Betriebsrat	4– 6
1.13	Methodische Gestaltung	
•	Konferenzgespräch, Film, Dias, Übung, Fallstudie, Referat	6– 8
1.2	*Zeiteinteilung/Termin*	
1.21	Zeiteinteilung	8–10
•	Verhältnis, Trainingszeit/Freizeit (Theater, Sport, Exkursionen)	
1.22	Termin	
•	Wieviel Tage	10–14
•	Welcher Termin	14–16
•	Abstimmung mit anderen Terminen	16–18
1.3	*Referent(en), extern/intern*	
1.31	Auswahl der Referent(en)	18–24
1.32	Einladung der Referent(en)	24–26
1.33	Bestätigung der Referent(en)	26–28
1.34	Abstimmung, Ablauf und Inhalt	28–30
1.35	Termin für	30–32
•	Abgabe des Exposés	
•	Anreise/Abreise	
1.36	Sonderwünsche	32–40
1.37	Hilfsmittel	
1.38	Anerkennung/Bezahlung	56–66
1.4	*Teilnehmer*	
1.41	Bestimmung des Niveaus	6–12
•	horizontal/vertikal	
•	funktional/interfunktional	
1.42	Auswahl der Teilnehmer, des Kursleiters, der Hilfskräfte	12–18
1.5	*Kostenvoranschlag/Budgetabstimmung*	10–18

2. Organisation

		Netzplan-nummer
2.1	*Hotel und Konferenzräume*	
2.11	Auswahl des Hotels	18–20
2.12	Auswahl der Konferenzräume intern/extern	18–33
2.13	Anzahl der Konferenz- und Gruppenräume festlegen	33–34
2.14	Technische Details für Konferenz- und Gruppenräume klären • Anzahl der Sitzplätze • Tischhöhe • Bestuhlung • Tischordnung • Rednerpult • Mikrophonanlage • Tageslichtprojektor mit Leerfolien und Stiften • Filmprojektor • Diaprojektor • Videogerät • Tonbandgerät • Diktiergerät • Kopiergerät • Verlängerungsschnur • Leinwand • Ständer für Schaubilder • Loseblatt-, Kreidetafel (Schwamm) • Zeigestock • Kreide/Ölstifte (mehrfarbig) • Verdunkelung • Störfaktoren • Klimaanlagen/Temperatur • Steckdosen	40–42
2.15	Verhandlungen mit dem Hotelier über • Anzahl der Einzelzimmer (Bad/Dusche) • Anzahl der Mahlzeiten • Essensqualität (leichte Kost) • Pausenimbiß • Sonderservice (in- und außerhalb des Konferenzraumes)	20–22

2. Organisation

		Netzplannummer
	• exklusiver Zugang zur Bar oder separaten Räumen für „gemütliches Beisammensein"	
	• Toilettenbenutzung	
2.16	Hotel-Abschluß und Bestätigung	22–25
	• Bezahlung der Hotel- und Restaurantrechnung	56–63
2.2	*Reise*	
2.21	Entscheidung über Reiseform, Flug, Bus, Bahn	25–34
2.22	Bestellen der Tickets	38–44
2.3	*Versicherung von Personen und Sachen*	38–50
2.4	*Einladung der Teilnehmer*	34–36
2.41	Bestätigung über Vorgesetzte	36–38
	• Ort	
	• Hotel, Anschrift und Telefon-Nummer	
	• Zeit	
	• Programmentwurf	
	• Anreiseweg	
	• Anreise- und Abreisedatum	
	• Spesenregelung	
	• Tagungs- und Abreisedatum	
	• Tagungs-, Sportkleidung	
	• Spesenregelung	
	• Vorab- Literatur	
	• Vorstellungsformular	
2.5	*Kursmaterial*	
2.51	Teilnehmermaterial beschaffen	
	• Literatur	44–50
	• Exposés (hand-out)	
	• Sitzordnung	37–48
	• Namensschilder (Tisch und Anzug)	
	• Programm (endgültig)	44–46
	• Gruppenaufteilung	
	• Vorstellungsbogen	
	• Kursmappe	
	• Bewertungs-/Kritikbogen	
	• Konzeptpapier	

2. Organisation

		Netzplan-nummer
	• Schreibgerät • Information über Umgebung (Geschichte und Sehenswürdigkeiten) • Erinnerungsgeschenk o.ä.	44–46
2.52	Technisches Material beschaffen • Tischuhr • Stoppuhr • Schaubilder • Dias • Filme • Videobänder • Tonbänder • Folien für Tageslichtprojektor • Ersatzbirnen für alle Projektionsgeräte	42–50
2.53	Büromaterial beschaffen • Locher • Hefter • Tesafilm • Schere • Lineal • Farbstifte • Bleistifte • Bleistiftspitzer • Büroklammern • Hausapotheke	34–50
2.6	*Fotograf bestellen*	34–49

3. Durchführung des Seminars

		Netzplan-nummer
3.1	*Antransport des Materials zum Tagungsort*	50–52
3.2	*Durchführung des Seminars*	52–54
3.3	*Rücktransport*	54–56

4. Auswertung

		Netzplan-nummer
4.1	*Auswerten der Bewertungs- und Kritikbogen*	58–60
4.11	Feedback an die Referenten/Organisatoren	58–60
4.2	*Empfehlung der Kursteilnehmer an Adressaten (Geschäftsleitung, Fach- und Ausbildungsabteilung)*	56–62
4.3	*Abschlußbericht der Kursleitung*	66–70
4.4	*Entwicklung und Bekanntgabe von Folge- (follow-up) Maßnahmen*	60–66
4.5	*Eintragung der Teilnehmer in Förderkartei*	56–64
4.6	*Soll-Ist-Vergleich der Kosten*	56–65

4.4 In-Basket-Methode und Planspiel – Zwei typische Lehrmethoden in der Management-Schulung

Im folgenden werden aus der Vielzahl der möglichen Lehrmethoden, die zum Teil schon in Abschnitt 3.4.4 im Überblick dargestellt wurden, zwei aktivitätspädagogische Lehrmethoden herausgegriffen und näher beleuchtet.

4.4.1 Die In-Basket-Methode

4.4.1.1 Ursprung und Entwicklung der Methode

Die „In Basket"-Methode wurde 1952 von Norman Frederiksen[116] im Auftrag einer Militärakademie der Luftwaffe entwickelt. Die Schule wollte ein Testinstrument haben, mit dem wirkungsvoller der Einsatz und der Erfolg in der militärischen Wirklichkeit vorausgesagt werden konnte.

Nachdem die Methode mit einigem Erfolg im Militär-Schulwesen angewandt wurde, hatten sich auch Vertreter der Management-Schulung dafür interessiert. Ähnlich wie beim Planspiel, das seinen Vorläufer im preußischen Kriegsspiel hat, wurde die „In-Basket"-Methode im militärischen Ausbildungswesen entwickelt, bevor sie in der Management-Schulung eingesetzt wurde.

Heute haben wir eine starke Verbreitung dieser Methode in den Vereinigten Staaten, wobei die Großunternehmen vielfach dazu übergingen, ihre eigenen „In-Baskets" aufzubauen. War am Anfang der Methode das Hauptgewicht auf der Testseite, so kann man heute eine gewisse Verlagerung beobachten, daß die Methode in erster Linie zur Schulung eingesetzt wird. Die Methode als solche erfüllt somit eine zweifache Zielsetzung, ohne daß sie im wesentlichem Maße umfunktioniert werden muß.

4.4.1.2 Charakteristika der Methode

Der Name „In-Basket"-Methode ist zwar unschön, doch vermittelt er plastisch das Wesen der Methode. Der Student oder Teilnehmer einer Weiter- und Fortbildungsveranstaltung wird mit dem Inhalt eines Eingangskorbes eines Managers konfrontiert, den er nun in einer vorgegebenen Zeit zu bearbeiten hat.

116 Norman Frederiksen ist Forschungsdirektor am Educational Testing Service. Die Entwicklung seiner Methode hat er in verschiedenen Veröffentlichungen dargestellt, von denen die jüngste kurz genannt werden soll: *Frederiksen, Norman, Jensen, Oliie, Beaton, Albert E., Bloxom, Bruce,* Organizational Climates and Administrative Performance. Prepared in connection with research done under Office of Naval Research Contact Nr. 2338 (00) and National Institute of Child Health and Human Development in collaboration with the California State Personnel Board, Princeton 1968.

Im einzelnen setzt sich die Methode in folgender Weise zusammen:

1. Wesentlichster Bestandteil ist der Inhalt des Eingangskorbes: Briefe, Memoranden, Telegramme usw.
2. Dem Teilnehmer der Schulung wird gesagt, welche Position er innerhalb der Organisation eines Unternehmens oder einer anderen sozialen Institution einzunehmen hat. Ein beigefügtes Organogramm vermittelt ihm seine Vorgesetzten und Untergebenen.
3. Eine kurze Beschreibung der Entwicklung des Unternehmens ergänzt das Kursmaterial.

4.4.1.3 Lehrziele der Methode

Für einen wirksamen Einsatz jeder Methode ist interessant, welche Lehrziele sie vorrangig zu beeinflussen sucht. Gehen wir davon aus, daß jede aktivitätspädagogische Methode zu mehreren Lehrzielen gleichzeitig, allerdings mit unterschiedlicher Intensität beiträgt, dann ist die zweite Frage, bei welchen Lehrzielen die „In-Basket"-Methode besonders wirkungsvoll eingesetzt werden kann. Ausgehend von einer generellen Taxonomie der Lehrziele in der Management-Schulung – Führungswissen (kognitiver Bereich), Führungsverhalten (affektiver Bereich) und Führungsfähigkeiten (psychomotorischer Bereich) – wird man die „In-Basket"-Methode zur Steigerung der Führungsfähigkeiten einsetzen. Insbesondere die Fähigkeitsgruppen, Erfassung der Komplexität eines Problems, Festlegung der Priorität einzelner Teilprobleme und Entscheidungsfähigkeit werden besonders beeinflußt werden.

4.4.1.4 Die „In-Basket"-Methode im Methoden-Mix einer Schulungsveranstaltung

Der monistische Einsatz von Methoden, wie z.B. der Fallmethode oder der gelenkten Diskussion über längere Zeit führt zu einem Nachlassen der Aufnahmefähigkeit bei den Teilnehmern. Dazu kommt, daß jeder Mensch ein „individuelles Veranlagungsprofil"[117] hat und unter anderen Bedingungen lernt.[118]

Die „In-Basket"-Methode kann eine wesentliche Bereicherung für das methodische Spektrum darstellen.

Genau wie verschiedene Management-Institute dazu übergingen, eine Fallsammlung anzulegen und laufend zu erweitern, genauso ist es zweckmäßig,

117 *Schlieper, Friedrich:* Allgemeine Unterrichtslehre für Wirtschaftsschulen. Wirtschaftspädagogische Schriften, Band 4, hrsg. von *Friedrich Schlieper,* Freiburg/Breisgau 1956, S. 95.

118 Vgl. *Müller, Karl E.:* Einführung in die Allgemeine Psychologie, 2. Aufl., Stuttgart 1956, S. 176.

„In-Basket"-Methoden zu sammeln und sie nach verschiedenen Gesichtspunkten zu klassifizieren.

Das „Bureau of Industrial Relations" an der University of Michigan hat es sich unter anderem zur Aufgabe gemacht, „In-Basket"-Methoden zu entwickeln und sie einer breiten Öffentlichkeit zugänglich zu machen.

Im Verhältnis zu anderen aktivitätspädagogischen Methoden ist die „In-Basket"-Methode verhältnismäßig jungen Datums, wird sie doch erst etwa zehn Jahre im betriebswirtschaftlichen Unterricht eingesetzt. Trotzdem darf man aber annehmen, daß sie sich einen festen Platz auch in unseren Lehrplänen erobern wird.

4.4.1.5 Fallstudie nach der „In-Basket"-Methode

Probleme im Postkorb[119]

Leitfaden für den Unterweiser

Allen Teilnehmern wird eine *geschlossene* Mappe mit den unerledigten Vorgängen des Entscheidungsspiels ausgehändigt. Die Mappen dürfen erst auf Kommando des Unterweisers geöffnet werden.

Der Unterweiser leitet die Übung etwa wie folgt ein:

„Die vor Ihnen liegende Mappe enthält eine Vielzahl geschäftlicher Vorgänge, wie sie häufig in der Post eines Vorgesetzten anzutreffen sind. Die Situation, in der Sie sich nun befinden, ist allerdings etwas außergewöhnlich, da Sie gerade Werksleiter einer Tochtergesellschaft Ihrer Firma geworden sind.

Für die Erledigung der vor Ihnen liegenden Post haben Sie *40 Minuten Zeit.* Bitte bearbeiten Sie alle Vorgänge und notieren Sie Ihre Entscheidungen auf den jeweiligen Unterlagen.

Sekretärinnen oder andere Mitarbeiter stehen Ihnen nicht zur Verfügung.

In 40 Minuten müssen Sie das Büro verlassen, um ein Flugzeug nach Mailand zu erreichen. Alle weiteren Informationen entnehmen Sie bitte der Mappe. Sie können jetzt anfangen."

Die Teilnehmer öffnen die Mappe und beginnen mit der Erledigung der Post. Bitte achten Sie auf die Einhaltung der 1/2 Stunde. Auf Fragen antworten Sie nur mit dem Hinweis, daß alles aus den Unterlagen hervorgeht. Zusätzliche Hilfestellungen dürfen Sie nicht geben.

119 Diese Fallstudie präsentierte *Günther Gruppe* (jetzt Vorstandsmitglied der Standard Elektrik Lorenz) 1968 bei einer Fortbildungsveranstaltung des DIB in Frankfurt. Die Autoren haben diesen Postkorbfall wesentlich erweitert und mit einer Problemlösung versehen.

Entscheidungsspiel: „Probleme im Postkorb"

In den folgenden 40 Minuten sind Sie Herr *Karl Neu,* Leiter des Zweigwerkes in Stuttgart der Firma Maschinenfabrik AG. (Mafa). Sie sind gerade aus Köln eingetroffen, wo Sie bisher im Stammwerk stellvertretender Werksleiter waren. Sie lösen in Ihrer neuen Tätigkeit Herrn *Emil Alt* ab. Dieser ist gestern bereits nach Südamerika abgeflogen, um dort für ein fremdes Unternehmen eine neue Fabrikation aufzubauen.

Die Ablösung geschah sehr plötzlich. Auch Sie wurden kurzfristig über Ihre Beförderung informiert und nach Stuttgart beordert. Sie kennen das Werk, das Sie jetzt leiten sollen, von einigen Besuchen.

Heute ist Samstag, der 20. September. Sie sind gerade jetzt um 8.15 Uhr in Ihrem Büro eingetroffen. Um 8.55 Uhr müssen Sie wieder pünktlich das Werk verlassen, um ein Flugzeug nach Mailand zu erreichen. Dort haben Sie abends Verhandlungen zur Abwicklung Ihrer alten Tätigkeit zu führen. Sie werden erst wieder am kommenden Donnerstag früh, dem 25. September, in Ihrem Büro zurück sein.

Ihre Sekretärin, Fräulein Luise Taff, ist zu einer Beerdigung gefahren. Sie ist jedoch in der nächsten Woche wieder im Büro. Das Werk arbeitet heute nur in wenigen Engpaß-Abteilungen. Die Verwaltung hat, wie an allen Samstagen, geschlossen. Sie haben keine Möglichkeit, irgendeine Hilfe in der einen Stunde, die sie anwesend sind, herbeizurufen.

In Ihrem Posteingangskorb finden Sie die beiliegenden Schriftstücke, von Fräulein Taff für Sie vorbereitet. Gehen Sie sie einzeln durch. Schreiben Sie auf den Rand oder auf die angehefteten Zettel jeweils, *was* Sie durch *wen* zu veranlassen wünschen. Ob Sie Konferenzen einberufen, Briefe im Konzept entwerfen, die Verantwortung delegieren oder gar nichts unternehmen, all das hängt von Ihren Entschlüssen ab.

Bitte, versetzen Sie sich in die Situation des Herrn Neu. Der Zeitdruck und die äußeren Umstände sind vielleicht ungewöhnlich. Die Probleme, die Sie vorfinden, sind jedoch echt und realistisch.

Zusammenfassung:

Jetzt ist es 8.15 Uhr am Samstag, dem 20. September. Sie sind allein in Ihrem neuen Büro und können niemand zur Hilfe heranholen. Sie haben keine Möglichkeit, irgendwelche Unterlagen mit auf die Reise zu nehmen, um unterwegs zu erledigen.

Schreiben Sie deshalb alle Ihre Anordnungen nieder!

Sie müssen pünktlich um 8.55 Uhr das Büro verlassen, um zum Flughafen zu fahren und sind erst wieder am kommenden Donnerstag, dem 25. September, zurück.

Folgende Schriftstücke befinden sich in der Mappe:

Blatt 1

Sehr geehrter Herr Neu!

Herzlich willkommen im Werk Stuttgart. Ich muß leider morgen zu einer Beerdigung, bin aber am Montag wieder zurück.

Darf ich Sie darauf hinweisen, daß am Montag gegen 11.00 Uhr ein Bewerber, der als Bester aus der Vorauswahl hervorgegangen ist, für den Posten einer neu zu schaffenden betriebswirtschaftlichen Stabsstelle aus Bremen hier eintrifft. Er fährt von hier weiter in Urlaub.

Ende Oktober ist für Sie eine Besuchsreise in unser Lizenzwerk in Irland vorgesehen. Leider besteht dort noch Visumzwang. Ich könnte die Formalitäten für Sie erledigen, falls Sie mir Ihre persönlichen Daten und ein Lichtbild hinterlassen. Der Antrag muß bis zum 24. d.M. zum Konsulat nach Bonn. Ihr Paß kann nachgereicht werden.

Der Hausmakler C. Makelos (Tel. Stuttgart 25 32 42) rief heute an. Bis nächsten Mittwoch gibt er Ihnen die Option für ein hübsches Einfamilienhaus, das Ihren Wünschen recht gut entspricht. Er sagte, es sei ein überaus günstiges Angebot.

Unser Werkssportverein SV MAFA hat am Montag sein 25-jähriges Jubiläum. Herr Alt sollte den Festvortrag halten. Die Sportler würden sich freuen, wenn Sie bei der Feier ein paar Worte sagen würden.

In der Fachzeitschrift „Modernes Planen" hat Herr Alt regelmäßig Artikel geschrieben.
Bis spätestens Dienstag (Redaktionsschluß ist Mittwoch) haben wir „Modernes Planen" einen Artikel über

„Die Netzplantechnik und ihr Anwendungsbereich in der Maschinenproduktion"

zugesagt. Sie sind ja auch Kenner dieser Materie.

Das Blumenhaus FLOWER-POWER sandte uns gestern eine Mahnung für eine Rechnung vom 3. September an Herrn Alt. Sollen wir das bezahlen?

(gez.) Luise Taff

Stuttgart, 19. September

Blatt 2

Einkauf 17. September Fabrikleitung
z. Hd. Herrn Alt

Teil-Nr. 2345

Die Engpaß-Teilnummer 2345 unserer neuen Type macht weiterhin Schwierigkeiten. Kollege Schau hat zweimal die Annahme aus Qualitätsgründen ablehnen müssen, obwohl unsere Arbeitsvorbereitung Hilfestellung beim Anlauf geleistet hat und auch das Werkzeug für die Bearbeitung des Teils von uns beigestellt wurde. Der Lieferant, die Firma Real, weigert sich nach der erneuten Ablehnung, diese Teil-Nummer noch zu produzieren.

Um die langjährigen guten Beziehungen zu dieser für uns wichtigen Spezialfirma wieder ins Lot zu bringen, kamen wir dem Wunsch des Geschäftsführers der Firma Real, Herrn Sauer, nach und haben für Montag, 15.00 Uhr, Ihren Besuch angekündigt. Auf Wunsch werde ich Sie gerne begleiten.

(gez.) O. Beier

Blatt 3

Hilfsbetriebe 17. September Fabrikleitung
Herrn Alt

Preßluft-Anlage in Hauptbau II

Ich fühle mich verpflichtet, nach den Erfahrungen der vergangenen 10 Tage nochmals dringlich darauf hinzuweisen, daß die in der Teilefertigung installierte Preßluftanlage, vor allem der Druckkessel, nicht mehr als betriebssicher anzusehen ist. Wie Sie wissen, hat es bereits einen Unfall durch fahrlässige Handhabung eines Druckventils gegeben.

Meines Erachtens steht ein totaler Ausfall der Anlage bald bevor, was für die Teilefertigung eine Katastrophe bedeuten würde.

Ich bitte, aufgrund der gemachten Erfahrungen auf dem Vorstandsmeeting am 26. September die Genehmigung der neuen Preßluftanlage durchzusetzen. Eine Wirtschaftlichkeitsberechnung wird vorgelegt.

(gez.) N. Öhler

Kopie: Herrn Bohr

Blatt 4

Personal 16. September Fabrikleitung
Herrn Alt

VERMERK

Betr.: **Programmierte Unterweisung**

I. Einleitung

Nach Auswertung des von der Personalabteilung erstellten Abschlußberichtes vom 28. Juni hatten wir festgestellt, daß grundsätzlich das Training nach dem Prinzip der Programmierten Unterweisung eine gute zusätzliche Trainingsmöglichkeit ist und nach einer Pause fortgesetzt werden sollte. Wir glauben aber – und das war anläßlich der letzten Personalleitertagung die allgemeine Meinung – einen Weg finden zu müssen, mit dem diese programmierte Unterweisung als Teil der Ausbildung in das Lohnsystem der Fertigung und Montage eingebaut werden kann. Hierdurch sollte vor allem auch erreicht werden, daß ein größerer Teil als bisher der Mitarbeiter von dieser Trainingsmöglichkeit Gebrauch macht. Außerdem sollte dieses Training kontinuierlich fortgesetzt werden.

II. Neuer Vorschlag

Wir möchten für die Fortsetzung der programmierten Unterweisung folgendes vorschlagen:

1. Die programmierte Unterweisung sollte nächstes Jahr wieder aufgenommen werden. Voraussetzung für diesen Termin ist, daß genügend alte Programme ausgearbeitet worden sind.
2. Die Ablegung von Prüfungen und das Erreichen von entsprechenden Punkten soll mit der *Leistungszulage* gekoppelt werden, d.h. daß für die Gewährung jeder Leistungszulage das Erreichen von 100 Punkten Voraussetzung ist.
3. Für die einzelnen Laufbahnen werden bestimmte Programme vorgesehen.
4. Die Aushändigung von Sachprämien kann entfallen.

III. Begründung

Unsere ersten Überlegungen gingen dahin, diese Programme in die Lohnprüfungen für die Qualifikationszulagen (d.h. bis Lohngruppe 2 d) einzubauen. Wir halten diese nachträgliche zusätzliche Anforderung aber für problematisch, weil inzwischen in der Teilefertigung mehr als

50 % der Mitarbeiter die höchste Lohngruppe erreicht haben. Außerdem haben ohnehin die Anforderungen bei den Prüfungsgesprächen zugenommen, weil durch Manpower-Reduzierungen die Aufgabenbereiche größer geworden sind. Die Mitarbeiter, welche bisher die Lohngruppe 2d noch nicht erreicht haben, würden es deshalb als nicht gerecht empfinden, wenn wir in Form der programmierten Unterweisung noch zusätzliche Auflagen machen würden, zumal die Sachprämien wegfallen sollen.

Wir halten es deshalb für besser, die Teilnahme an der programmierten Unterweisung als Voraussetzung für die Gewährung einer Leistungszulage zu machen. Die Mitarbeiter sollten für jede Leistungszulage 100 richtige Punkte durch Prüfungen nachweisen. Da noch relativ wenige Mitarbeiter die Leistungszulage erhalten, würde sich hier eine bessere Voraussetzung für die Koppelung dieses zusätzlichen Trainings ergeben. Außerdem wird erreicht, daß auch über die Lohngruppe 2 d hinaus eine kontinuierliche Trainingsmöglichkeit geschaffen wird. Das Trainingsprogramm, das in der Regel mit Erreichen der Lohngruppe 2 d entsprechend unserem mit dem Lohnsystem verbundenen Ausbildungsplan endet, kann hier mit Hilfe der programmierten Unterweisung fortgesetzt werden.

Eine Zustimmung des Betriebsrates zu dieser Regelung ist nicht zwingend, da Leistungszulagen auf freiwilliger Basis gewährt werden. Eine Änderung und damit Verschärfung der Bedingungen im Ausbildungsplan zu unserem Lohnsystem würde jedoch eine schwierige Diskussion mit dem Betriebsrat erforderlich machen.

Wichtig ist allerdings die Aufklärung dahingehend, daß durch den Erwerb der Punktzahl kein automatischer Anspruch auf die Leistungszulage besteht, sondern, daß dies nur ein Teil der Bedingungen ist. An der Beteiligung kann der Wille des Mitarbeiters abgelesen werden, in welchem Umfang er bereit ist, auch von sich aus noch zusätzliches Wissen zu erwerben.

IV. Verwaltungsmäßige Abwicklung

In der beigefügten Aufstellung *(Anlage 1)* haben wir die bisherigen Themen der Programme sowie einige Vorschläge, die laufend erweitert werden können, zusammengestellt.

Bevor in Zukunft ein Mitarbeiter eine Leistungszulage erhält, wird die Personalabteilung feststellen, ob dieser Mitarbeiter an der programmierten Unterweisung teilgenommen und die entsprechende Anzahl von Punkten erworben hat. (Für die 1. Leistungszulage = 100 Punkte, für die 2. Leistungszulage = 200 Punkte usw.).

Diejenigen Mitarbeiter, welche bereits die erste Leistungszulage erhalten haben, müssen bei der zweiten Leistungszulage dann insgesamt 200 Punkte nachweisen.

Da zwischen den einzelnen Terminen der Gewährung einer Leistungszulage 3–4 Jahre liegen, ist hierfür ausreichend Zeit gegeben, die noch fehlenden Punkte nachzuholen.

Mitarbeiter, die bereits an diesem Training zum Teil oder ganz teilgenommen und zwischen 30 und 300 richtige Punkte erworben haben, sollten die Prüfung noch einmal wiederholen. Eine Auffrischung dieser Themen ist sicher kein Fehler. Es müßte ihnen leichter fallen, diese Fragen zu beantworten. Außerdem haben sie für die erworbenen Punkte Sachprämien erhalten.

Die Ausgabe der vorgesehenen Programme erfolgt laufend. Die Prüfungen würden für alle Themen zweimal im Jahr jeweils vor dem 1. Mai und vor dem 1. November stattfinden. Teilnehmen können auch Mitarbeiter, die sich noch nicht in der Lohngruppe 2 d befinden. Je früher sich die Mitarbeiter um die Ablegung der Prüfungen bemühen, um so mehr Zeit haben sie für die Erfüllung der vorgesehenen Bedingungen.

V. Schlußbemerkungen

Dieser Vorschlag soll als Diskussionsgrundlage dienen. Die genannten 100 Punkte als Voraussetzung für jede Leistungszulage sind abhängig von einer endgültigen Bewertung der gesamten Programme und können verändert werden.

Bei diesem Vorschlag kam es uns auf 3 wesentliche Punkte an:

a) Die anerkannte Trainingsmöglichkeit nach dem Prinzip der Programmierten Unterweisung soll weiterhin, und zwar *kontinuierlich,* genutzt werden.
b) Dem Mitarbeiter soll klarer als bisher werden, daß es sich hier um ein Training handelt, welches für seine berufliche und finanzielle Weiterentwicklung von Bedeutung ist.
c) Wir wollten einen Weg finden, die bisher freiwillige und zum Teil wegen der Prämie erfolgte Teilnahme zu einer gewissen Auflage zu machen, indem die Gewährung der Leistungszulage davon abhängt.

Um diesen Fragenkomplex mit allen betroffenen Abteilungen zu besprechen, die Marschroute für den Ausbildungsplan und die Prioritäten für neu zu erstellende Programme festzulegen, bitten wir die Werksleitung, alsbald einen Besprechungstermin zu benennen.

(gez.) G. Loon

Anlage

Anlage 1 (Blatt 4)

Themen für die programmierte Unterweisung

Vorhandene Programme:		*höchstmögliche Punktzahl:*
„Bearbeitung von NE-Metallen"		100
„Sicherer Umgang mit spanabhebenden Maschinen"		20
„Sichere Inbetriebnahme"		50
„Maße und Messen"		20
„Schweißen"		50
„Hydraulikelemente"		40
„Werkstoffkunde"		60
	zus.	340

Vorgeschlagene neue Themen:

„Training für Endmontage"
„Lagerung von Produkten – Transport und Verladung"
„Kompressoren"
„Armaturen"
„Sicherer Umgang mit Geräten und Werkzeugen"
„Produktqualitäten und ihre praktische Bedeutung"
„Spanabhebende Bearbeitung in Sonderstärken"

(weitere Vorschläge könnten erarbeitet werden)

Blatt 5

Fernschreiben vom 17. September 14.12 Uhr

Aufgrund der ungewöhnlichen marktpolitik einiger japanische konkurrenten, die fast als dumping bezeichnet werden können, haben wir für morgen 10.30 in bad liebenzell eine a.o. sitzung einberufen.
Wir bitten um telegrafischen bescheid, ob wir zu dieser sehr wichtigen zusammenkunft mit der teilnahme eines ihrer herren rechnen können.

zentralverband der maschinen-
produzierenden industrie –
land baden/württemberg

Blatt 6

VDI–Landesgruppe Baden-Württemberg
Stuttgart Industriestraße

Herrn
Emil Alt
MAFA
Stuttgart

Stuttgart, 18. September

Sehr geehrter, lieber Herr Alt!

Darf ich Sie nochmals daran erinnern, daß Sie am Mittwoch, dem 24. September, auf unserem monatlichen Erfahrungsaustauschabend das Referat mit dem Thema

„Das spanabhebende Bearbeiten von Kunststoffen"

übernommen haben.

Der Vortrag scheint von besonderer Aktualität zu sein, denn es hat sich bereits eine Reihe von Gästen von der Technischen Hochschule angesagt, u.a. auch Professor Pevauzeh.

Bleibt es bei dem telefonisch verabredeten Treffpunkt um 18 Uhr?

Mit besten Grüßen
Ihr

(gez.) Dr. E. Insch

Blatt 7

Finanzwesen 17. September Fabrikleitung H. Alt

Personal-Budget für die kommenden drei Jahre

Die in unserer Budget-Sitzung am 10. September vereinbarte Kürzung hat sich leider in den neu eingereichten Abteilungs-Budgets nicht ausreichend niedergeschlagen. Wir waren übereingekommen, durchschnittlich 7 % vom vorgeschlagenen Personal-Soll zu streichen, da sonst die Kostenziele für das nächste Jahr nicht eingehalten werden können. Es ist Ihnen aus den Vorstandsbesprechungen ja bekannt, welche Rückwirkungen dies auf die Rentabilität und die gesamte Geschäftslage hätte. Die neuen Zahlen machen jedoch nur knapp 2 % aus.

Da die endgültigen Zahlen am 26. September in Köln verabschiedet werden sollen, bitte ich um Entscheidung, wo wir die noch ausstehenden 5 % Reduktion

a) pauschal auf die Abteilungen verteilen
b) nur einigen wenigen Abteilungen abziehen oder
c) die eingereichten Personalzahlen akzeptieren

sollen.

(gez.) V. Zech

Blatt 8

RAU und PAMPICH KG.
Hohenroßberg/Baden

An die
Geschäftsleitung
der Mafa AG

Stuttgart

Eilboten

Stuttgart, 17. September

Sehr geehrte Herren!

Wir vereinbarten zum 19. September die Lieferung von 3 Maschinen (Spezifikation laut unserer Bestellung vom 3. Mai d.J.). Da wir bis heute noch keine Versandanzeige in Händen haben, machen wir Sie auf die im Kaufvertrag festgelegte Konventionalstrafe in Höhe von 10 % des Rechnungsbetrages pro laufender Tag und unsere weiteren Regreßansprüche aufmerksam.

Hochachtungsvoll
RAU & PAMPICH KG

(gez.) Pampich

Blatt 9

Finanzwesen 19. September Fabrikleitung
H. Neu

Sehr geehrter Herr Neu!

Darf ich Ihnen ein freundliches Willkommen im Werk Stuttgart und meine besten Wünsche entbieten. Herr Alt informierte mich, daß Sie am Samstag früh auf der Durchreise nach Mailand kurz im Hause sind.

Als Anlage finden Sie 2 (zwei) Blankoschecks, die wir für eilige Sonderfälle, die über meinem Vollmachtslimit liegen, stets in Reserve halten. Ich bitte um Ihre Unterschrift.

Mit freundlichen Grüßen

(gez.) V. Zech

Blatt 10

Herrn Neu:

Darf ich Ihnen den Hinweis geben, daß am Montag, dem 22. September, in München die Trauung des ältesten Sohnes von Herrn Direktor Obermann stattfindet.

(gez.) Taff

PS: Anbei der neueste Organisationsplan. Außer Ihrer Position hat sich gegenüber der Ausgabe vom Januar nichts geändert.

Blatt 11 (Anlage zu Blatt 10)

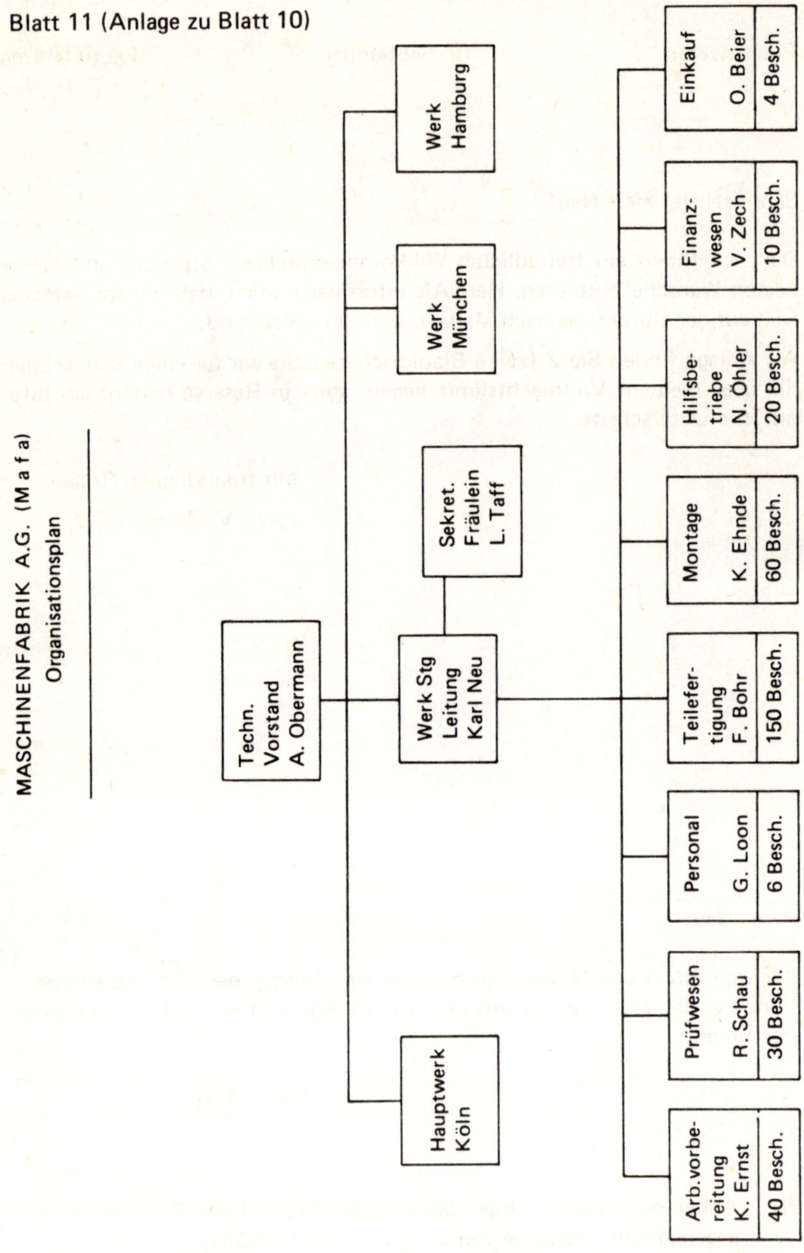

Blatt 12

Montage | 16. September | Fabrikleitung
Herrn Alt

Die Probezeit von Herrn Hälfer, der als Abteilungsleiter bei mir eingesetzt werden soll, geht zu Ende. Ich halte ihn für brauchbar und möchte anfragen, ob Sie die gegen ihn vorgebrachten Einwände noch aufrechterhalten. Allerdings ist auch der inzwischen von Herrn Hälfer abgelegte Test nicht besonders positiv ausgefallen.

(gez.) K. Ehnde

Personal, Herrn Loon

Blatt 13

Personal | 18. September | Fabrikleitung
Herrn Neu

Sehr geehrter Herr Neu!

Zunächst möchte ich Ihnen einen guten Anfang wünschen. Auf die Zusammenarbeit mit Ihnen freue ich mich sehr.

Darf ich Sie mit einer Tradition des Werkes Stuttgart vertraut machen, wonach sich unsere Vorgesetzten immer in einem netten Rahmen ihren neuen Mitarbeitern vorgestellt haben.

Wenn Sie mich freundlicherweise wissen ließen, wann und in welcher Form Sie diese Vorstellung wünschen, werde ich gern alles arrangieren.

Mit freundlichen Grüßen

(gez.) G. Loon

Blatt 14

ALLGEMEINES SCHWÄBISCHES HILFSWERK EV
Stuttgart
Königstraße

An die
Geschäftsführung der
Firma Mafa

Stuttgart, 17. September

Stuttgart

Sehr geehrte Herren!

Sie haben uns im vorletzten Jahr so hilfreich bei der Werbung für unsere Spendenaktion „Hilfe für Gute und Böse" unterstützt, indem Sie es gestatteten, Ihrem Werksmitteilungsblatt unsere Reklamebogen beizufügen. Außerdem durften wir an Ihren Schwarzen Brettern Plakate für die Spendenaktion aushängen.

Da wir in diesem Jahr das Werbematerial bereits zum Versand fertiggemacht haben, bitten wir um Mitteilung, ob es im Laufe des kommenden Dienstag (22. September) in Ihrem Werk angeliefert werden kann. Dann könnte es nämlich noch der Oktober-Ausgabe beigefügt werden.
Mit vielem Dank und vorzüglicher Hochachtung

ALLGEMEINES SCHWÄBISCHES
HILFSWERK E.V.

(gez.) Begger

Blatt 15

Arbeitsvorbereitung 18. September Fabrikleitung
Herrn Alt

Organisationsberatung durch die Firma Consultant GmbH

Aufgrund des von uns am 15. Juli akzeptierten Vorgutachtens beginnt am kommenden Dienstag, dem 23. September, die Firma Consultant mit ihrer Beratungstätigkeit.

Offen ist lediglich die Frage, wo die geplanten Untersuchungen beginnen sollen, ob im Materialfluß oder in der Bearbeitung der Papiervorgänge.

Ich erbitte hierzu Ihre Entscheidung.

(gez.) Ernst

Blatt 16

Dipl.-Ing. Emil Alt

Stuttgart-Bad Cannstatt, 18. Sept.
Am Wasen 11

VERTRAULICH

Lieber Herr Neu!

Das Ganze kam für sie, wie auch für mich, mehr als überraschend. Zwischen dem Kofferpacken für Rio schnell ein paar Zeilen. Gern hätte ich alles mündlich mit Ihnen besprochen. Aber Sie kennen ja das Tempo bei der Mafa.

Der „Laden" hier läuft an sich normal. Es herrscht ein gutes Klima. Auf Fräulein Taff können Sie sich verlassen. Sie kennt alle Einzelheiten genau.

Zwischen Bohr und Öhler gibt es jedoch neuerdings Reibereien. Hier müssen Sie bald etwas unternehmen. Wie ich hörte, haben sich die beiden im Kegelclub gezankt. Seitdem frißt sich der Streit auch in den Betrieb hinein. Sie wollen ohne Dritten nicht mehr mündlich miteinander verhandeln.

Noch eine kleine Hiobsbotschaft: Kürzlich erhielt ich aus einer anonymen Quelle den Hinweis, daß im Finanzbereich irgend jemand nicht zuverlässig sei. Ich konnte dem jedoch bisher nicht nachgehen.

Zum Abschluß Ihnen einen guten Start. Sie wissen, daß am kommenden Freitag (26.9.) in Köln Vorstands- und Fabrikleiter-Meeting ist. Wir, d.h. das Werk Stuttgart, haben es übernommen, über unser Werksausbildungsprogramm für Führungskräfte, das für die anderen Fabriken richtungsweisend sein soll, ca. 1/2 Stunde zu referieren. Es dürfte für Sie keine großen Schwierigkeiten bedeuten, diese Zusage einzuhalten.

Mit besten Grüßen

stets Ihr

(gez.) Emil Alt

Blatt 17

Professor Dr. Dr. B. von Dullberg

Bern-Hohendullenberg, 17. Sept.
(Schweiz)

Herrn
Emil Alt
M A F A

Stuttgart

Lieber Emil,

in der kommenden Woche läßt es sich wieder einrichten, Dir und Deinem schönen Fabrikle einen erneuten kurzen Besuch zu machen. Ich fahre zum Maschinenbaukongreß nach Hannover und möchte vorher gern Eure Erfahrungen mit den Typen 9082 und 9087 kennenlernen. Ich hoffe, Du wirst mir wieder freimütig alle Vorteile und Mängel aufzeigen, so daß ich in meinem Referat auf dem Kongreß möglichst über den „letzten Schrei" der Mafa berichten kann. Wie immer diskret und im Dienste der Wissenschaft!

Wie steht's mit Deinen Südamerika-Plänen?

Übrigens geht die mir übertragene Entwicklung gut voran. Der neue Werkstoff macht sich hervorragend. Alles andere mündlich.

Dein alter Freund und Lehrer
(gez.) von Dullberg

PS: Ich treffe am 23. September mit dem FD 103 ein und fahre am 24. September mit dem Schwabenpfeil weiter. Kann ich bei Euch übernachten?

Blatt 18

Montage 19. September Werkleitung, Herrn Neu

EILT!

WICHTIG!

Sehr geehrter Herr Neu!

Wegen der unerwartet aufgetretenen Grippeepidemie (25 % Krankheitsfälle) kann unser Exportauftrag (Gesamtwert DM 450.000,–) an die Firma B. R. ASILIA, Blumenau, Brasilien, nicht termingerecht abgewickelt werden.

Die Maschinen müssen am 27. 9. im Hafen Hamburg angliefert werden. Kämen wir in Verzug – die nächste Verschiffung ist erst 10 Tage später möglich – hätten wir mit einer Konventionalstrafe von 10 % der Auftragssumme zu rechnen.

Wir bitten Sie daher zu entscheiden, wer in der Montage die fehlenden Kollegen ersetzen soll. Folgende Möglichkeiten stehen zur Wahl:

1. Vorübergehende Einstellung externer Aushilfskräfte
2. Überstunden der noch verbliebenen Mitarbeiter der Montageabteilung
3. Heranziehung von Kräften des Schwesterwerkes München
4. Heranziehung von Kollegen der Teilefertigung.

Wenn wir ab Montag, 22. September, eine der Alternativen verwirklichen könnten, wäre der Auftrag noch zu retten.

(gez.) K. Ehnde

Blatt 19

Galvanik 18. September Fabrikleitung
Herrn Alt

Investitionen in der Galvanik

Lieber Herr Alt,

die Produktivität in meinem Bereich ist wegen der veralteten Anlagen in den letzten zwei Jahren erheblich gesunken. Wie Sie wissen, wurden die schon oft diskutierten Reinvestitionen wegen anderen dringenden Anschaffungen immer wieder zurückgestellt.

Im Interesse der Wettbewerbefähigkeit unserer Firma bitte ich Sie, in diesem Jahr Neuanschaffungen – die dringend nötig sind – im Galvanikbereich vor den Investitionen in der Preßluftanlage vorzunehmen.

Die Gründe im einzelnen möchte ich Ihnen gern persönlich vortragen und bitte um einen Termin.

(gez.) F. Bohr

Kopie: Herrn Öhler

Besprechung und Ergebnis des Postkorbspiels

Leitfaden für den Unterweiser

Als Diskussionsleiter treten Sie vor die Gruppe und fragen die Teilnehmer, ob sie fertiggeworden sind. Wenn nein, warum nicht.

Sie weisen darauf hin, daß jeden Morgen beim Posteingang eine ähnliche Situation besteht. Sie geben zu, daß es unmöglich war, alles durchzulesen, aber dies war auch nicht die Aufgabe. Alle Vorgänge konnten nur bewältigt werden, wenn man wie folgt vorgegangen ist:

1. Grobe Durchsicht der Unterlagen. Erkennung und Entscheidung der wirklich wichtigen Vorgänge.
2. Alle Vorgänge, die delegierbar waren, mußten delegiert werden.
3. Bedeutungslose und überholte Vorgänge gehören in den Papierkorb.

Zum Verfahren dieser Diskussion sei angemerkt, daß wir zunächst die einzelnen Probleme behandeln und hinterher Schlußfolgerungen für unsere Arbeit ziehen.

Zu den einzelnen Problemen:

Blatt 1

1. Beerdigung
   - Neu soll die Information registrieren
   - Kommt sie schwarz – kondolieren.
   - Kommt sie bunt – übergehen.

2. Einstellung
   - Neu fragt sich: Will ich den eigentlich?
   - Da Neu mit dem Betriebswirt zusammenarbeitet und auskommen muß, sollte er ihn vor einer Entscheidung selbst kennenlernen, d.h. Zeit gewinnen.
   - Taff erhält die Anweisung, den Betriebswirt nach seinem Urlaub zur Vorstellung zu bitten.
   - Wegen der prinzipiellen Entscheidung eine betriebswirtschaftliche Stabsstelle einzurichten, Kölner Sitzung abwarten.
   - Es muß bedacht werden, daß bei der Knappheit an Arbeitskräften der Bewerber nicht das Gefühl hat, durch die Verschiebung nur bedingt interessant zu sein.

3. Fotos

- Frage: Muß ich überhaupt reisen?
- Taff anweisen, Bild und Daten aus der Personalakte des Kölner Betriebes anfordern.
- Wenn eine rechtzeitige Beschaffung nicht mehr möglich ist, Verschiebung des Besuchs.
- Wichtig ist die Rückkoppelung, d.h. alle mit der Reise zusammenhängende Schritte auf Termin setzen lassen.

4. Haus

- Makelos anrufen und um Verschiebung bitten.
- Ist Makelos nicht erreichbar, Taff anweisen, daß Ehefrau informiert wird und sich das Haus ansieht.

5. SV. Mafa

- Da Neu noch kein persönliches Verhältnis zu SV. Mafa hat, soll Loon die Rede übernehmen.
- Taff anweisen, daß Loon seine Grüße bestellt und einen Empfang des SV. Mafa in Aussicht stellt.

6. Netzplantechnik

- Taff anweisen, Redaktion über Personalwechsel zu informieren.
- Der Redaktion in absehbarer Zeit einen von Ernst gefertigten Artikel ankündigen, sofern die Redaktion daran Interesse hat.
- Es ist nicht Aufgabe des Werkleiters, solche Artikel zu schreiben. Alt hat da offensichtlich zuviel gemacht.

7. Blumenhaus

- Taff anweisen, Rechnung aus Firmenkasse zu bezahlen.

Blatt 2

8. Engpaß Teil Nr. 2345

- Entscheidung ist abhängig von der Fertigungssituation. Einen anderen marktgängigen Unterlieferanten kurzfristig zu finden, ist kaum möglich.
- Innerbetrieblich liegt das Problem darin, daß Beier versucht, nach oben zu delegieren. Neu soll troubleshooter spielen.
- Neu muß zurückdelegieren, denn dies ist Beiers Aufgabe. Neu hat hier Gelegenheit, von Anfang an Akzente im Führungs- und Delegationsstil zu setzen.

– Taff anweisen, Beier, Schau und Ernst zu unterrichten. Sie sollen unter der Verantwortlichkeit Beiers die Sache untersuchen.
– Der Besuch muß wahrgenommen werden. Wer außer Beier mitgeht, soll Beier entscheiden.
– Bericht am Donnerstag.

Blatt 3 hängt mit Blatt 19 zusammen

Blatt 4

9. Programmierte Unterweisung

– Vermerk kann unterwegs gelesen werden.
– Wegen Bedeutung der Ausbildung selbst entscheiden nach Rückkehr.

Blatt 5

10. Fernschreiben

– Termin überholt:
– Wegen der Wichtigkeit des Themas Bericht/Protokoll durch Taff anfordern.

Blatt 6

11. VDI-Alternativen

– Taff anweisen, VDI von Personalwechsel zu informieren und Verschiebung vorzuschlagen. (Entscheidung liegt nun bei VDI).
– Wegen der Wichtigkeit des VDI VDI mitteilen, daß weitere Verpflichtungen selbstverständlich übernommen werden.
– Ist Verschiebung nicht möglich, eindeutig delegieren, entweder an Zentrale oder an Bohr (Initiative liegt bei Mafa).

Blatt 7

12. Budget

– Loon bitten, von allen Abteilungen Alternativvorschläge ausarbeiten zu lassen. Er ist verantwortlich für die Koordination und die Erstellung der Unterlagen bis zur Rückkehr von Neu.
– Kommen die Beteiligten nicht zu einer zufriedenstellenden Lösung, kann Neu bei der Vorstandssitzung am Freitag noch um Verschiebung des Tagesordnungspunktes bitten.
– Neu überlegt Maßnahmen, welche Einsparungen in welcher Abteilung er vornehmen würde.

– Taff anweisen, Besprechungstermin mit allen Abteilungsleitern am Donnerstag zu vereinbaren.

Blatt 8

13. Rau und Pampich

– Taff anweisen, Ehnde mit der Prüfung der Sache zu beauftragen. Kamen die Maschinen noch nicht zum Versand, soll Ehnde sofort ein Kabel schicken.
– Bei Rückkehr Bericht vorlegen lassen.
– Nach Rückkehr prüfen, ob dieser Fall eine Ausnahme oder symptomatisch für einen Mangel im Betriebsablauf ist.

Blatt 9

14. Scheck

– Unterschreiben zu großes Risiko, insbesondere aufgrund der Altschen Information möglicher Unregelmäßigkeiten in der Finanzabteilung.
– Wird nicht unterschrieben, tritt das Problem des Vertrauensverhältnisses zu Zech auf.
– Neu registriert, daß im Finanzbereich offensichtlich schlecht geplant wird.
– Antwort an Zech formulieren: Ihre Bankvollmacht ist unvollkommen. Bitte um Vorschlag bis Donnerstag, wie Finanzangelegenheit künftig geregelt werden soll, damit am Freitag in Köln mit der Finanzdirektion die neue Lage besprochen werden kann. Inzwischen bitte mit Köln behelfen.
– Neu hat Gelegenheit, in Köln mit der Revision über Unregelmäßigkeiten zu sprechen.
– Nach Rückkehr Limits prüfen.

Blatt 10

15. Hochzeit

– Telegramm aus Mailand.
– Taff anweisen, Blumenschale hinzuschicken.

Blatt 11 Organigramm

Blatt 12

16. Probezeit

- Neu unterstellt, daß die Probezeit Ende des Monats abläuft, d.h. es ist noch Zeit zur Entscheidung.
- Läuft Probezeit vorher ab, Loon anweisen, zusammen mit Ehnde zu entscheiden.
- Notfalls Probezeit verlängern.

Blatt 13

17. Vorstellung

- Hat Zeit bis zur Rückkehr.

Blatt 14

18. Hilfswerk

- Hier muß erkannt werden, daß das Hilfswerk im letzten Jahr offensichtlich seine Aktion nicht durchführen durfte. (Es heißt *vor*letztes Jahr).
- Anweisung an Loon, Prüfung und Entscheidung.

Blatt 15

19. Consultant

- Mitteilung an Ernst, er solle entscheiden. D.h. *zurückdelegieren.* Im übrigen muß Neu annehmen, daß diese Frage schon bei der Planung für den Einsatz der Consultant bedacht und entschieden wurde.
- Ernst soll die Betroffenen informieren und koordinierend tätig sein.

Blatt 16

20. Brief von Alt (müßte eigentlich verschlossen sein)

- Neu muß sich darüber klar werden, was es bei der Eröffnungsrede sagen wird. Er hat die Chance, seine Ziele und Leitlinien von Anfang an klar zu formulieren und zu verkünden.
- Bohr und Öhler nach Rückkehr zu getrennten Besprechungen bitten (s. auch Brief 19).

– Vorschlag für das Gespräch. Alternativen der Klärung:
  a) Wenn das mit den persönlichen Differenzen nicht stimmt, sollte es mich freuen.
  b) Trifft Alts Schilderung zu, darf der Betrieb darunter nicht leiden.
– Referat Ausbildung: Taff anweisen, Loon soll Referat ausarbeiten, wenn es nicht schon vorliegt, damit Neu es in Köln halten kann.

Blatt 17

21. Dullberg

– Taff anweisen, Dullberg über Personalwechsel und Abwesenheit von Neu zu informieren. Wegen der Wichtigkeit des Themas den von Dullberg vorgeschlagenen Termin absagen.
– Sofort nach Rückkehr Prüfung, wie wichtig Dullberg ist. Hiernach Entscheidung über erneute Einladung.

Blatt 18

22. B.R. Asilia

– Ehnde soll entscheiden und die kostengünstigste Alternative wählen:

  1. Alternative Teilefertigung.
  2. Alternative Überstunden Montageabteilung.
  3. Vorübergehende Abstellung von Arbeitskräften aus München.

Blatt 19 und Blatt 3

23. Preßluftanlage / Galvanik

– Neu registriert zwei gefärbte Informationen von Bohr und Öhler. Offensichtlich wird ein menschliches Problem mit sachlichen Argumenten bemäntelt.
– Taff anweisen, Unterlagen über die Galvanik zu beschaffen.
– Nach Rückkehr Aussprache s. Brief 16.

4.4.2 Einsatz von Unternehmensplanspielen

Während ein Großteil der Planspielliteratur[120] eine ausgesprochen theoretische Betrachtungsweise einnimmt, wird im folgenden der Einsatz von Unternehmensplanspielen in ihrer Bedeutung in der Führungskräfte-Schulung untersucht. Allgemeine Kenntnisse hinsichtlich des Aufbaus und der Funktionsweise von Planspielen werden beim Leser vorausgesetzt[121]. Der Programmdirektor, Studiendirektor oder Kurskoordinator – wer immer für den Entscheidungsbereich Methodeneinsatz in einem Führungskräfteseminar verantwortlich ist – steht beim Einsatz von Planspielen vor einer Reihe von Fragen, wie komplexes oder einfaches Simulationsmodell, Zeitpunkt des Planspiels, personelle Betrauung mit der Durchführung des Planspiels, Beobachtung der ablaufenden gruppendynamischen Prozesse usw. Wenn über diese Fragen vor Einsatz des Planspiels nicht hinreichend nachgedacht wird, kann es sein, daß die pädagogische Effizienz eines mitunter sehr kostspieligen Kursteils gering bleibt.

4.4.2.1 Festlegung des Lehrziels als primäre Aufgabe beim Planspieleinsatz

Die erste Frage, die sich ein Lehrgangsleiter stellen muß, bezieht sich auf das grundsätzliche Lehr- und Lernziel, das er seinem Kurs oder Seminar als pädagogische Zielfunktion vorgegeben hat. Dabei sollte er nicht bei jenen Lehrzielphrasen, wie Vermittlung neuer Führungstechniken, wissenschaftliche Untermauerung der Führungskenntnisse oder Verbesserung des persönlichen Leistungsstiles stehenbleiben, sondern sich zur Aufgabe machen, die – bislang überall praktizierten – diffusen Lehrzielkategorien in optimale, nachprüfbare und der Evaluierung zugängliche Kategorien aufzuschließen. Diese Aufgabe ist nicht einfach, zumal der theoretische Unterbau für eine derartige Vorgehensweise bisher noch fehlt[122].

120 Siehe z.B. die aufgeführte Bibliografie bei *Graham, Robert G., Gray, Clifford F.:* Business Games Handbook, American Management Association, Inc., 1969, S. 459 ff.; und *Boocock, Sarane S.:* From Luxury Item to Learning Tool. An Overview of the Theoretical Literature on Games, in: *Boocock, Sarane S., Schild, E.O.* (Hrsg.): Simulation Games in Learning, Beverly Hills 1968, S. 54 ff.

121 Eine recht verständnisvolle Einführung in die Struktur von Planspielen ist bei *Bleicher, Knut:* Entscheidungsprozesse an Unternehmensplanspielen, Band I. Die Darstellung von Unternehmenspolitik und -planung an Idealmodellen, Baden-Baden und Bad Homburg v.d.H. 1969, zu finden.

122 Wir haben eben bislang noch keine allgemeine Taxonomie managementandragogischer Lehr- und Lernziele wie sie z.B. auf der Grundlage von *Blooms* Werk erarbeitet werden könnten. Siehe im einzelnen die Taxonomien für den kognitiven und affektiven Bereich bei *Bloom, Benjamin S.:* Taxonomy of Educational Objectives. The Classification of Educational Goals, Handbook I: Cognitive Domain und Handbook II: Affecitve Domain, New York 1956.

Als nächste Frage ergibt sich dann, ob ein Planspiel eine oder mehrere Lehrzielkategorien realisieren kann. Dabei müssen Effizienzgesichtspunkte einbezogen werden, denn grundsätzlich sind verschiedene Methoden in der Regel für gleiche Lehrziele mit allerdings unterschiedlicher Effizienz verwendbar [123].

Wie können nun im einzelnen Planspiele in der Führungskräfte-Schulung verwendet werden? Im folgenden werden nur die hauptsächlichsten Bereiche aufgezeigt.

4.4.2.2 Planspiele als Übung zur Verbesserung der Entscheidungsfähigkeit

Als Anfang der sechziger Jahre Unternehmensplanspiele allgemein Eingang in die Lehrpläne an Management-Schulen fanden, sah man in ihnen die klassische Methode, um die Entscheidungsfähigkeit eines Managers zu verbessern. Man war sicherlich richtig in der Annahme, daß den Teilnehmern der Entscheidungsprozeß durch die Planspiele transparenter gemacht wird, doch läßt sich daraus nicht unbedingt eine Verbesserung der Entscheidungsfähigkeit ableiten. Vielmehr fehlt die „emotionale Wirklichkeit", die in der Unternehmenspraxis eine wesentliche Determinante der Entscheidungsfähigkeit darstellt. „The lack of the most essential element of realism, fear, greatly reduces the value of games ... – fear of making a mistake or wrong decision – resulting normally in reprimand or discharge. On the other hand, successful conduct of one's job in business usually results in reward, while the same situation, the personal satisfaction of winning is the most tangide feature that the participants can grasp"[124].

Der nun schon seit Jahren bestehende Unglaube, daß Planspiele direkt zur Verbesserung der Entscheidungsfähigkeit beitragen, sollte einer differenzierten Betrachtung weichen. Durch die Darstellung der Unternehmung oder eines Ausschnitts aus der Unternehmung in einem dynamischen Modell wird den Teilnehmern einer Management-Schulung der sachliche und der zeitliche Zusammenhang ihrer getroffenen Entscheidungen unmittelbar veranschaulicht, doch wird dadurch nicht schon die Fähigkeit, Entscheidungen zu treffen, verbessert. Ein Planspiel bleibt immer ein Spiel, bei dem keine Verantwortung für eine getroffene Entscheidung übernommen wird. In der Wirklichkeit ist aber gerade jene zu übernehmende Verantwortung der

123 Siehe dazu im einzelnen *Hawrylyshyn, B.:* Preparing Managers for International Operations, in: The Business Quaterly, Autumn 1967, S. 27 ff. und *Stiefel, Rolf Th.:* The Relationship between Objectives and Teaching Methods in the Training of Management Personnel, in: Internationale Zeitschrift für das kaufmännische Bildungswesen, No. 75/1970, S. 19 ff.

124 *Roberts, Arthur L.:* What's wrong with Business Games? in: *Graham, Robert G., Gray, Clifford F.:* a.a.O., S. 48.

Hauptfaktor, der die Entscheidungsfähigkeit bestimmt. Zwar erlauben Planspiele in hervorragender Weise den sachlichen Bereich des Entscheidungsprozesses – z. B. die einzelnen Phasen – sowie das Entscheidungsinstrumentarium wie „Entscheidungsbäume" oder andere Techniken kennenzulernen, doch bleibt dieses Lernen im kognitiven Bereich stecken und schlägt nicht zum psychomotorischen Lernbereich durch. Nur eine Beeinflussung der Entscheidungsfreudigkeit und vor allem der Bereitschaft, Verantwortung zu übernehmen, ließe letztlich die Entscheidungsfähigkeit verbessern.

Diese etwas abweichende Meinung von der „herrschenden Lehre" in der Management-Schulung verlangt somit neue Methoden für eine Einflußnahme auf die Entscheidungsfähigkeit. Wahrscheinlich wird man eine verstärkte Anleihe bei der strukturierten Gruppendynamik (z.B. die von Ott entwickelte „strengths bombardment"-Technik) und dem amerikanischen „counseling" machen müssen, um die Entscheidungsfähigkeit zu verbessern[125].

4.4.2.3 Planspiele als Medium zur Einsicht in die komplexen Wirkungszusammenhänge eines Unternehmens

Für die „Entspezialisierung" der Teilnehmer kann ein Planspiel hervorragende Dienste tun. Ein bislang nur im Absatzbereich tätiger Mitarbeiter lernt plötzlich durch seine Entscheidungen auch die anderen Bereiche eines Unternehmens kennen, insbesondere die Verzahnung und Interdependenz der betriebswirtschaftlichen Funktionen. Er sieht plötzlich den Zusammenhang zwischen „Cash Flow" im Unternehmen und Kundenkrediten in einer Weise, wie er ihn vorher nie wahrgenommen hat. Denn jetzt wird ihm durch seine Entscheidung eine Situation aufgezeigt, mit der er für die restlichen Spielquartale fertig werden muß.

Nicht jedes Planspiel ist in gleicher Weise für die Realisierung dieses Lehrziels geeignet.

125 Der Hinweis auf die von *Kepner* und *Tregoe* entwickelte Entscheidungsübung steht nicht im Gegensatz mit der hier vertretenen Auffassung. Die KT-Entscheidungsübung verwendet Planspielelemente für die Transparenz des sachlichen Entscheidungsprozesses und gezieltes Feedback durch Beobachter als behavioristisches Element. Gerade dieses Feedback hat der KT-Methode einen gewissen Erfolg gegeben. Ein Ausbau in Richtung eines mehr persönlichen, nicht-standardisierten Feedbacks sowie die gezielte Verwendung von psychoanalytischen Instrumenten könnte aber noch wesentlich stärker auf die Verbesserung der Entscheidungsfähigkeit einwirken.

126 Der interessierte Leser wird auf einen Aufsatz bei *De Greene, Kenyon B.:* Man-Computer Interrelationships, in: *De Greene, Kenyon B.* (Hrsg.): Systems Psychology, New York – San Francisco 1970, S. 281 ff., verwiesen.

Zunächst muß es sich aus verständlichem Grund um ein Fallfunktionsabspiel handeln, das sämtliche betriebliche Funktionsbereiche im Simulationsmodell berücksichtigt. Die Art der im Modell festgelegten funktionalen Wechselwirkungen kann dabei ein Kriterium für die Auswahl von bestimmten Teilnehmergruppen sein. Soll bei Technikern und Kaufleuten in einem Unternehmen das gegenseitige Verständnis für ihre Bereiche gesteigert werden, wird man ein Modell wählen, das ein Maximum an Interdependenz auf der Produktions- und Absatzseite aufweist.

Weiterhin sollte ein Planspiel gewählt werden, dessen Parameterkonstruktion im Simulationsmodell noch überschaubar ist. Zu komplizierte Modelle ermöglichen es dem Teilnehmer nicht, zu erfahren und zu lernen, warum sich bei einer Preisänderung die Auswirkung auf die Fertigung in dieser oder jener Weise ergab. Grundsätzlich sollte die modellhafte Darstellung der essentiellen Variablen mit der Wirklichkeit isomorph sein, während die Feinheiten im Modell nur den Lernprozeß vernebeln.

Das Planspiel für den Zweck der Einsicht in die Wirkungszusammenhänge der verschiedenen Abteilungen eines Unternehmens sollte zudem ausschließlich deterministisch sein. Prohabilistische Elemente haben bei Planspielen für dieses Lehrziel nur einen lernhemmenden Effekt.

4.4.2.4 Planspiele als Methode zur effizienten Computerbenutzung

Die Installierung von Computeranlagen in der Wirtschaft hat immer wieder gezeigt, daß die Ausnutzung des Potentials weit hinter der Leistungsfähigkeit zurückblieb. Ohne empirisch stützende Zahlen zu haben, kann vermutet werden, daß insbesondere bei älteren Mitarbeitern, in deren Arbeitsbereich plötzlich der Computer einzieht, die Anlage in der Regel nur sehr unzureichend genutzt und benutzt wird. Der Gedanke an ein Mensch-Maschinen-System[126] ruft gerade bei diesem Teil der Belegschaft eine unterschwellige Frustration hervor, und doch wird es in allen Führungsebenen zur Wirklichkeit werden. Schon der Gedanke an die Ausdrucke aus dem Computer führt bei vielen zur ablehnenden Haltung und erzeugt jene psychologische Barriere, die die Zusammenarbeit mit dem Computer auf ein absolutes Minimum beschränkt.

Wie kann nun im einzelnen ein Planspiel zur Verwirklichung des Lehrziels „Steigerung in der Effizienz der Computerbenutzung" beitragen?

Zunächst muß ein Planspiel gewählt werden, bei dem eine direkte Interaktion sämtlicher Teilnehmer mit einem Computer möglich ist. Im Idealfall steht den spielenden Gruppen ein Dateneingabegerät zur Verfügung, über das sie im Time-Sharing-Verfahren direkten Zugriff zum Computer haben. Die häufig gewählte Praxis, daß die Teilnehmer eines Computer-Planspiels ein

Entscheidungsblatt ausfüllen, dessen Daten denn vom Spielleiter in den Computer eingegeben werden, nutzt diese Möglichkeit der dirketen Teilnehmer-Computer-Interaktion nicht. Da die Arbeit mit einem Dateneingabegerät eine gewisse Kenntnis verlangt, müssen allerdings vor Beginn des Planspiels diese Kenntnisse vermittelt werden.

Eine weitere wesentliche Komponente für die Wahl des richtigen Planspiels bei diesem Lehrziel ist die Programmierung des Modells. Es muß ein Maximum an Daten in unkomplizierter Form am Ende jedes Spielquartals vom Cumputer ausgegeben werden, mit denen dann die nächste Entscheidung bestritten werden muß. Somit werden die Teilnehmer gezwungen, mit den Computer-Ausdrucken zu arbeiten mit dem Ziel, ihnen damit die bestehende Furcht und Scheu zu nehmen.

Wesentlich ist somit nicht die Konstruktion des Modells, sondern vielmehr die Art der Programmierung und die direkte Teilnehmer-Interaktion mit dem Computer.

4.4.2.5 Planspiel als strukturierte gruppendynamische Übung zur Verbesserung der Teamfähigkeit

Planspiele werden immer in unterschiedlich großen Arbeitsgruppen durchgeführt. Insofern liegt es nahe, sie unter dem Aspekt einer strukturierten, gruppendynamischen Übung zu sehen, die im wesentlichen darauf abzielt, „to increase a person's sensitivity to and knowledge about personal and interpersonal factors and their influence on thought and action and to help in his efforts to behave more effectively in different and changing interpersonal relationships. It is an approach to human relations training wich is aimed at getting people to feel and behave differently – and not merely to think differently with reference to the day-to-day handling of human problems"[127].

Welche Modifikationen müssen nun in ein Planspiel eingeführt werden, damit es den Zielsetzungen eines effizienten Managementteams gerecht wird[128].

127 *Whitaker, Galvin:* T-Group Training Development and Management Teaching, in: *Whitaker, Galvin* (Hrsg.): T-Group Training: Group Dynamics in Management Education. ATM Occasional Papers, Nr. 2, Oxford 1965, S. 1.

128 Es wird in diesem Zusammenhang nicht näher auf die Bestimmungsfaktoren eines effizienten Managementteams oder – allgemein – auf die Determinanten der Teamfähigkeit eingegangen. Im Sinne unserer eingangs geforderten Operationalisierung der Lehrzielkategorien soll auf *McGregor* verwiesen werden, der sich mit diesen Faktoren sehr eingehend auseinandersetzte. Siehe *McGregor, Douglas:* The Professional Manager, New York 1967, S. 160 ff. (Posthume. Herausgabe durch *Caroline McGregor* und *Warren G. Bennis*).

Es gibt verschiedene praktische Vorgehensweisen. Im folgenden soll auf einen konkreten Modellfall der Verbindung gruppendynamischer Elemente mit einer Simulationsübung Bezug genommen werden.

Das Planspiel gibt nur die Struktur für die Zusammenarbeit in der Gruppe ab. Als einzige Anforderung gilt hier, daß das Simulationsmodell nicht zu komplex sein soll, denn bei zunehmender Komplexität des Modells verringert sich die Interaktionsfrequenz der Teilnehmer während eines Spielquartals.

Während des Planspiels sollten in den einzelnen Gruppen psychologisch oder soziologisch geschulte Beobachter eingesetzt werden, die den Gruppenprozeß mit einem Beobachtungsplan festhalten[129]. Dabei sollte der Beobachtungsplan für jedes Planspiel speziell entwickelt werden. Es genügt nicht, die klassischen Beobachtungskategorien von *Bales*[130] zu nehmen und sie in einem Planspiel anzuwenden. Vielmehr muß die Struktur des jeweiligen Modells berücksichtigt werden. Parallel zum Beobachter werden auch Daten über den Gruppenprozeß direkt von den Teilnehmern gewonnen. Dabei kann ein einfaches Instrument der Prozeßanalyse eingesetzt werden, das den Gruppenprozeß für die Teilnehmer transparent macht und ihnen Daten zur Verfügung stellt, die eine bessere Realitätskontrolle ermöglichen[131].

Die gewonnenen Daten werden nun den Teilnehmern der einzelnen Gruppen zur Verfügung gestellt, wobei sie nun faktisch über ihr Verhalten in den einzelnen Spielquartalen diskutieren.

In einem anderen Modellfall kann die Rolle des Beobachters sehr aktiv sein, wobei er sowohl fachlich, Spielregeln interpretierend, als auch verhaltenskorrigierend für die Gruppenmitglieder auftritt. Damit kommt er schon sehr nahe an die Rolle des T-Group Trainers in der klassischen Gruppendynamik heran, doch ist hier Vorsicht angezeigt, denn das Konzept der Intervention des „aktiven Beobachters" im Planspiel sollte sich generell am Simulationsmodell orientieren und nicht von der Rolle des T-Group Trainers ausgehen[132].

129 Vgl. im einzelnen zur praktischen Aufstellung von Beobachtungsplänen für pädagogische Situationen die ausgezeichnete Abhandlung bei *Medley, Donald M., Mitzel, Harald E.:* Measuring Classroom Behavior by Systematic Observation, in: *Gage, N.L.* (Hrsg.): Handbook of Research on Teaching, Chicago 1963, S. 247 ff.

130 Vgl. zu den Beobachtungskategorien von *Bales* neben dem Original bei *Bales, Robert F.:* Interaction Process Analysis, Cambridge, Mass. 1961, auch die interpretierende Darstellung bei *König, Rene* (Hrsg.): Handbuch der empirischen Sozialforschung, 1. Band, Stuttgart 1968, S. 131 ff.

131 Siehe z.B. die Auswertungsskala bei *Brocher, Tobias:* Gruppendynamik und Erwachsenenbildung, Braunschweig 1967, S. 128 ff.

132 Der interessierte Leser wird zur Vertiefung dieses sehr speziellen Fragenbereiches auf *Fiebert, Martin S.:* Sensitivity Training: An Analysis of Trainer Intervention and Group Process, in: Psychological Reports, Band 22/1968, S. 829 ff., verwiesen.

4.4.2.6 Zeitliche Durchführung eines Planspiels

Eine weitere Frage, die sich der Kurskoordinator stellen muß, betrifft den Zeitpunkt der Durchführung eines Planspiels. Dabei kann er mitunter nicht vollkommen frei sein, denn bestimmte Lehrziele verlangen für ihre Realisierung ein ganz bestimmtes Timing des Planspiels im Lehrplan.

Im folgenden soll der Zeitpunkt der Durchführung als unabhängige Variable betrachtet werden. Die praktische Frage somit heißt hier: Wie muß in der Regel ein Planspiel konstruiert sein, wenn es an verschiedenen Zeitpunkten einer Führungskräfte-Schulung alternativ eingesetzt werden soll?

Grundsätzlich läßt sich ein Planspiel am Beginn, am Ende oder während der Schulungsperiode einsetzen.

Betrachten wir zuerst die Funktion des Planspiels zu Beginn einer Führungskräfte-Schulung. Am Anfang ergibt sich – abgesehen von firmeninternen Seminaren, bei denen sich die Teilnehmer kennen – eine Situation, die in Sensitivitäts-Trainings-Begriffen als eine Art „Stranger-Situation"[133] bezeichnet werden kann. Die Teilnehmer kennen sich nicht und verhalten sich demzufolge auch ausgesprochen passiv am Lehr- und Lernprozeß. In „Post-Experience"-Kursen, in denen manchmal mehrere hundert Jahre an Erfahrungen in der Gruppe vorhanden sind und bei denen die Lehrkraft mehr als Katalysator wirken sollte, um dieses Potential für die Teilnehmer aufzuschließen, kann ein Planspiel zu Beginn die Rolle eines „Eisbrechers" und eines Instruments zur Entwicklung eines anschließend so notwendigen Lernklimas übernehmen. Die Erfahrung hat immer wieder gezeigt, daß der Austausch von Ideen und der Beitrag der Teilnehmer an der Diskussion während eines Seminars durch ein vorheriges Planspiel wesentlich bereichert wird.

Als Planspiel sollte ein Simulationsmodell gewählt werden, das eine maximale Interaktionsfrequenz während der Spielperiode ermöglicht. Damit wird schon zu Beginn ein aktives Moment in die Schulung eingeführt, das von den Teilnehmern jene für eine aktivitätspädagogische Atmosphäre notwendige Haltung und Einstellung erzeugt.

Ein Planspiel am Ende einer Schulung hat eine vollkommen andere Funktion und sollte demnach auch anders strukturiert sein. In der Regel dient es dem Ziel, die einzelnen Lehrinhalte eines Seminars didaktisch zu integrieren und kognitives Führungswissen in psychomotorische Führungsfähigkeiten zu überführen. Parallel dazu kann es als „Re-entry"-Instrument eingesetzt werden, um den Teilnehmern die Rückkehr an ihren Arbeitsplatz zu erleichtern. In beiden Fällen sollte ein Allfunktionalspiel mit einem sehr realistischen

133 In der T-Group Training Sprache unterscheidet man zwischen „family groups" und „stranger groups", je nachdem, ob sich die Leute vorher kennen oder nicht.

Simulationsmodell gewählt werden. Zur Vorbereitung auf die Situationen im Betrieb, denen eine Führungskraft immer nach Rückkehr von einer Schulung ausgesetzt ist, können zusätzlich „change-agent"-Kriterien zur Auswahl des Planspiel herangezogen werden, denn dann haben die Teilnehmer die Möglichkeit, auch während der Schulung in den einzelnen Spielperioden ihre Vorgehensweise bei der Einführung von Änderungen zu erproben.

Bei den Planspielen während der Schulung übernimmt die Festlegung des Zeitpunkts keine eigene lehrzieldeterminierende Rolle. Solange die didaktische Logik eines Lehrplans nicht berührt wird, können zu verschiedenen Zeitpunkten die eingangs erwähnten Lehrziele angegangen werden. Die Wahl des Planspiels hängt somit nur von diesen Variablen ab.

4.4.2.7 Fragen zur personellen Besetzung bei der Durchführung des Planspiels

Neben den sachlichen Fragen ist die personelle Frage, wer mit der Durchführung des Planspiels betraut werden soll, von hervorragender Bedeutung. Der Kurskoordinator muß dabei personelle Entscheidungen für drei verschiedene Kategorien von Mitarbeitern treffen:

– Spielleiter,
– Schiedsrichter,
– Beobachter.

Der. Spielleiter übernimmt die Verantwortung für die Durchführung des Planspiels. Bei komplexen Simulationsmodellen wird das Anforderungsprofil sehr differenziert und reicht in verschiedene Fachrichtungen hinein. Für die Interaktion mit dem Computer und die Erläuterung der Computer-Ausdrucke braucht er Grundkenntnisse in Informatik; die Interpretation der Spielregeln sowie die Beurteilung der Planspielgruppen verlangt von ihm fundierte betriebswissenschaftliche Kenntnisse, und schließlich macht die Zusammenarbeit mit dem Beobachter ein Verständnis für Kleingruppenprobleme aus der Verhaltenswissenschaft unabdingbar.

Die Schiedsrichter übernehmen die Verbindung zwischen dem Simulationsmodell und den Arbeitsgruppen und beantworten Fragen hinsichtlich der Spielregeln, die ein betriebswissenschaftliches Verständnis erforderlich machen.

Der Beobachter sollte ein Spezialist in Verhaltensproblemen der Kleingruppen sein, ohne sich dabei aber zu stark in eine theoretisierende Betrachtung der Verhaltenswissenschaften zu verirren. Neben der Diagnose der Qualität der Teamarbeit ist vor allem die „therapeutische" Seite wichtig. In der Regel kann die Aufgabe von einem erfahrenen „T-Group Trainer" zufriedenstellend ausgeführt werden.

In vielen Fällen der Weiterbildungsarbeit hat man den personellen Fragen zu geringe Beachtung geschenkt. Insbesondere hat man häufig unerfahrene Nachwuchskräfte mit Funktionen betraut, die sie zwar sachlich ausführen konnten, bei denen sie aber selten in der Lage waren, mit den Führungskräften auch den notwendigen „Rapport" herzustellen. Sämtliche drei Kategorien von Mitarbeitern müssen Erfahrung in der Erwachsenenbildung haben und eine Persönlichkeit ausstrahlen, wenn nicht der pädagogische Effekt einer sachlich richtigen Entscheidung hinsichtlich eines Planspiels durch eine personelle Fehlentscheidung beeinträchtigt werden soll.

5. Wie werden Management-Seminare kontrolliert?

Wann immer die Evaluierungsproblematik in der betrieblichen Bildungsarbeit angeschnitten wird, fällt der Begriff Erfolgskontrolle, und zumeist wird Evaluierung mit Erfolgskontrolle gleichgesetzt.

Wir verstehen die Evaluierung als den Oberbegriff, wobei die Erfolgskontrolle nur einen Teilaspekt darstellt. Evaluierung heißt – im betriebspädagogischen Kontext – etwas einen Wert beimessen, wobei damit noch nicht impliziert wird, daß diese Wertmessung sich auf einen Lernerfolg bezieht. Sie kann sich ebensogut auf den Lernprozeß oder den Lerntransfer beziehen. Zum zweiten ist im wörtlichen Sinne der Evaluierung als Wertmessung nicht einbegriffen, daß damit eine Kontrolle verbunden ist. Eine Kontrolle drückt immer einen nicht mehr wertneutralen Standpunkt in der Evaluierungspraxis aus.

Während unser gesamtes Bildungswesen unter der Voraussetzung arbeitet, daß

– der Lehrer den Teilnehmer evaluiert und
– die Evaluierung am Ende einer pädagogischen Veranstaltung zum Zwecke der Bewertung und Einstufung des Lernerfolgs vorgenommen wird,

besteht in der Management-Schulung eine wesentliche differenzierte Betrachtung.

Wir gehen davon aus, daß in der Management-Schulung eine Lerngemeinschaft besteht, bei der jeder jeden bewerten kann. Zum zweiten legen wir die Annahme zugrunde, daß die Evaluierung nicht notwendigerweise erst am Ende erfolgen muß, sondern auch während der Management-Schulung durchzuführen ist.

5.1 Evaluierungssubjekte und Evaluierungsobjekte

In der betrieblichen Bildungsarbeit gibt es drei Interessengruppen, die direkt und unmittelbar am pädagogischen Geschehen beteiligt sind:

– Teilnehmer
– Lehrkräfte
– Programmplaner (als Vertreter der betrieblichen Bildungsabteilung)

In der Erwachsenenbildung werden diese Interessengruppen als Partner betrachtet mit der Folge, daß sie sich gegenseitig evaluieren können und somit auch gleichzeitig evaluiert werden. Ein Evaluierungssubjekt führt eine Evaluierung durch, während ein Evaluierungsobjekt evaluiert wird.

Evaluierungs-objekt / Evaluierungs-subjekt	Teilnehmer	Lehrkräfte	Programmplaner
Teilnehmer	Teilnehmer evaluieren sich selbst und gegenseitig	Teilnehmer evaluieren ihre Lehrkräfte	Teilnehmer evaluieren Programmplaner
Lehrkräfte	Lehrkräfte evaluieren Teilnehmer	Lehrkräfte evaluieren sich selbst und gegenseitig	Lehrkräfte evaluieren Programmplaner
Programmplaner	Programmplaner evaluiert Teilnehmer	Programmplaner evaluiert Teilnehmer	Programmplaner evaluiert sich selbst

Abb. 11: Evaluierungssubjekte und Evaluierungsobjekte

5.2 Evaluierungstypen

5.2.1 Personale Evaluierungstypen

Als ersten Evaluierungstyp betrachten wir die Teilnehmer-Selbstevaluierung und die gegenseitige Teilnehmerevaluierung.

Dieser Evaluierungstyp ist Ausdruck einer neuen Richtung in der Pädagogik, die dem einzelnen die Verantwortung für seine Entwicklung übertragen möchte und ihn als mündigen Lernenden betrachtet und somit seine Rolle in der Management-Schulung hinsichtlich der Verantwortungsübernahme mit seiner Rolle als verantwortlicher Führungskraft im Unternehmen in Übereinstimmung sieht. Wir können eben eine Führungskraft nicht auf eine höhere Verantwortung im Unternehmen vorbereiten, wenn wir ihr nicht gleichzeitig in der Management-Schulung die Verantwortung für ihr eigenes Lernen übertragen.

Die Selbstevaluierung mit Einschluß der gegenseitigen Teilnehmerevaluierung hat zwei bedeutsame Folgen für den Lernprozeß der Führungskräfte:

– die Teilnehmer geben sich selbst Feedback und werden bei ihrer Lernkontrolle von ihren Teilnehmerkollegen unterstützt; damit übernimmt das Feedback die grundsätzliche Funktion für das Lernen der Teilnehmer;

– zum zweiten löst die Selbstevaluierung und die Evaluierung durch Teilnehmerkollegen einen autonomen Lernprozeß aus, der den einzelnen letztlich zu einer sensibleren Wahrnehmungsfähigkeit führt, da er mit der Differenz seiner Selbstwahrnehmung und der Wahrnehmung der Wirkung seines Lernverhaltens auf andere konfrontiert wird.

Der zweite personale Evaluierungstyp ist die Lehrkräfteevaluierung durch Teilnehmer. Dabei muß immer vorher geklärt werden, für wen diese Evaluierungsdaten gedacht sind.

Hier gehen wir davon aus, daß die Lehrkräfte selbst die Empfänger der Evaluierungsdaten sind.

Zur Lehrkräfteevaluierung durch Teilnehmer genügt es nicht, daß lediglich drei oder vier Kategorien des Lehrverhaltens aufgeführt werden. Vielmehr muß versucht werden, durch eine Vielzahl von Kategorien den Lernprozeß der Lehrkräfte aufzudecken und ihnen ihr Lehrverhalten anschaulich zu machen. Damit erhalten auch die Lehrkräfte das so notwendige Feedback, das in dieser Weise in anderen pädagogischen Systemen nicht vorgesehen ist.

Die Teilnehmerevaluierung durch Lehrkräfte ist der dritte personale Evaluierungstyp, den wir in unserem Zusammenhang kurz darstellen wollen. Dieser Typ prägt unser gesamtes Bildungswesen. Sobald Lehrkräfte evaluieren, wird dabei an eine Benotung gedacht, eine Beurteilung der Teilnehmer nach ihren erreichten Lernerfolgen und Einreihung in eine vorstrukturierte Beurteilungsskala oder Notenskala.

Wir lehnen jede Art von Benotung, d.h. Beurteilung von Lernerfolgen der Teilnehmer durch Lehrkräfte aufgrund eines Zahlenschemas ab. Wir glauben, daß sie unvereinbar ist mit den Grundsätzen der Erwachsenenbildung. Eine Management-Schulung ist für uns immer durch das autotelische Unterrichtsprinzip bestimmt, das den einzelnen Teilnehmer die Möglichkeit gibt, nach dem erfahrungsorientierten Lernmodell zu lernen. Ein Benotungssystem würde der Management-Schulung den Charakter des Lernlaboratoriums nehmen, denn die Teilnehmer würden nicht mehr aktiv mit neuen Verhaltensmöglichkeiten experimentieren, wenn sie von den Lehrkräften beurteilt werden und dadurch auch Sanktionen zu befürchten hätten.

Die Teilnehmerevaluierung durch Lehrkräfte darf sich in nichts von der gegenseitigen Teilnehmerevaluierung unterscheiden. Der Lehrer ist Partner der Teilnehmer in einem Lernvertrag. Die Evaluierung darf deshalb nur als Mittel zum Feedback verstanden werden. Jede andere Verwendung der Evaluierungsdaten würde das partnerschaftliche Verhältnis stören.

Diese Evaluierungshaltung mag befremdend klingen, wenn man bedenkt, daß die Teilnehmer einer völlig evaluierungsfreien Lernsituation ausgesetzt sind. Und doch erscheint diese Situation für uns überzeugend. Wir plädieren für eine exakte Eingangsevaluierung der Teilnehmer, um anschließend ihr Lernen nicht durch ein Evaluierungssystem zu stören. Nach der Zulassung zum Lehrgang hat der Teilnehmer das Vertrauen, daß er intelligent, motiviert und am Unterricht interessiert ist, bevor er das Gegenteil beweist. Diese Einstellung erscheint uns überzeugender zu sein als das Prinzip der gegenwärtigen Evaluierungspraxis des allgemeinen Bildungswesens. Es geht unserer Meinung nach von der Annahme aus, daß der Student oder Teilnehmer — etwas überspitzt ausgedrückt — faul, dumm, unmotiviert und uninteressiert ist, bevor er nicht in einer Evaluierung das Gegenteil bewiesen hat.

In Ergänzung der Lehrkräfteevaluierung durch Teilnehmer können sich — als vierter Evaluierungstyp — die Lehrkräfte auch selbst evaluieren und parallel von Kollegen evaluiert werden. Beide Formen sind wesentlich und ergänzen die Evaluierungsdaten, die die Teilnehmer den Lehrkräften zur Verfügung stellen.

Die Selbstevaluierung der Lehrkräfte kann mit den gleichen Instrumenten erfolgen, die auch von den Teilnehmern bei der Evaluierung ihrer Lehrkräfte verwandt werden. Damit hat der einzelne Lehrer die Möglichkeit, den Unterschied zwischen Selbstwahrnehmung und Fremdwahrnehmung hinsichtlich der Kategorien seines Lehrprozesses zu erkennen. Untersuchungen haben ergeben, daß Lehrkräfte, die neben dem üblichen Teilnehmer-Feedback auch eine Selbstevaluierung durchführen, ihr Lehrverhalten in stärkerem Maße ändern, als jene Lehrer, die nur Feedback von den Teilnehmern bekommen[134].

Neben der Selbstevaluierung und der Evaluierung durch Teilnehmer können auch andere Lehrkräfte als Feedbackquelle verwandt werden. Da jeder Managementlehrer zumindest ein rudimentäres Verständnis davon haben sollte, wie Führungskräfte lernen, können sich die Lehrkräfte untereinander überprüfen, indem sie die Ratio ihrer Unterrichtsstrategie gegenseitig diskutieren.

Neben einer informalen Evaluierung durch Kollegen können auch formalisierte Verfahren eingesetzt werden, die den Unterrichtsprozeß in sehr detaillierter Form darstellen. Die Interaktionsanalyse der Unterrichtsbeteiligten von *Flanders*[135] ist ein sehr dienliches Instrument, um den einzelnen Lehrkräften ihr Unterrichtsverhalten im zeitlichen Ablauf widerzuspiegeln und damit ein dynamisches Evaluierungsbild ihres Lehrprozesses zu geben.

134 Vgl. *Gage, N.L.:* Teacher effectiveness and teacher education, Palo Alto 1972, S. 178 ff.
135 Vgl. *Flanders, N.A.:* Analyzing teaching behavior, Reading 1970, S. 33 ff.

In Ergänzung zur Selbstevaluierung und gegenseitigen Lehrkräfteevaluierung können auch erziehungstechnologische Hilfsmittel zur Gewinnung von Feedbackdaten eingesetzt werden. Dabei denken wir insbesondere an den Videorecorder, der als Minimalbedingung dem Lehrer zur Überprüfung seines Unterrichtsverhaltens zur Verfügung stehen sollte. Mit dieser Anlage macht eine im Unterrichtsraum installierte Kamera von jeder Unterrichtseinheit eine Bildaufzeichnung, die der Lehrer anschließend allein anschaut oder mit erfahrenen Kollegen durchspricht.

5.2.2. Temporale Evaluierungstypen

Neben diesen personalen Evaluierungsdaten wollen wir kurz auf zwei temporale eingehen: Die Evaluierung während der Management-Schulung, die sogenannte Lernprozeßevaluierung, und die Evaluierung nach Abschluß der Management-Schulung, die Lernerfolgsevaluierung.

Für die Evaluierung des Lernprozesses gibt es zwei Arten. Sind die Evaluierungsdaten für die Lehrgangsleitung bestimmt, um Änderungen im Programmablauf vorzunehmen, sprechen wir von Steuerungsevaluierung. Sind die Evaluierungsdaten für Lernzwecke der Teilnehmer, aber auch der Lehrkräfte gedacht, nennen wir sie formative Evaluierung.

Die Steuerungsevaluierung hat die Aufgabe, Evaluierungsdaten über den Kursablauf zu sammeln, um kurzfristige Änderungen vornehmen zu können und dadurch die Management-Schulung zu steuern. Auf diese Weise werden rechtzeitig Schwächen im Programm aufgedeckt, die noch während der Management-Schulung geändert werden können. Auch Änderungswünsche der Teilnehmer sind so systematisch zu ermitteln, die dann im Kursprogramm berücksichtigt werden.

Die formative Evaluierung verfolgt den Zweck, den Teilnehmern und den Lehrkräften während des Unterrichts Feedback über ihr Lernen und Lehren zu geben. Forschungsergebnisse in der Lernpsychologie zeigen, daß das Feedback dann am nützlichsten ist, wenn es unmittelbar an den Lernakt angeschlossen wird. Je unmittelbarer das Feedback gegeben wird, desto detaillierter kann es auch in der Form gewählt werden. Dies ist eine weitere wesentliche Bedingung für das erfolgreiche Lernen der Teilnehmer.

Der Einsatz dieser formativen Evaluierung in der Management-Schulung kann unterschiedlich erfolgen. Die Schulungsleitung kann pädagogisch abgegrenzte Unterrichtseinheiten bilden, an die sich jeweils eine formative Evaluierungsübung anschließt. Wichtig ist, daß diese Übung in den Zeitplan des Programms eingebaut wird. Eine derartige Unterrichtseinheit wäre beispielsweise die Teilnahme an einem Unternehmensplanspiel, eine umfangreichere Kleingruppenarbeit bei einer Harvard-Fallanalyse oder eine Serie von Referaten, Diskussionen und Übungen über ein bestimmtes Thema. Die Abgrenzung der Unterrichtseinheiten für die formative Evaluierung kann somit nach didaktischen und methodischen Überlegungen erfolgen.

Die Lehrgangsleitung kann die formative Evaluierung aber auch als Unterrichtsprinzip in die Management-Schulung integrieren, indem die einzelnen Teilnehmer am Beginn des Seminars zunächst eine Lehreinheit absolvieren, die ihnen die Fähigkeiten eines Lernberaters vermittelt. Dadurch werden die Teilnehmer in die Lage versetzt, selbstverantwortlich während der Schulung zu verschiedenen Zeitpunkten ihren Teilnehmerkollegen Feedback zu geben.

Die zweite Form innerhalb der temporalen Evaluierung, die Lernerfolgsevaluierung, versucht am Ende der Schulung die kognitiven, affektiven und psychomotorischen Unterschiede bei den Teilnehmern zu ermitteln. Dabei können verschiedene Instrumente eingesetzt werden. Es sollten immer Evaluierungsinstrumente verwendet werden, die einer praktischen Managementsituation vergleichbar sind. Sie sollten darüber hinaus nicht nur Evaluierungsdaten hervorbringen, sondern parallel neben ihrem Evaluierungscharakter auch Lerncharakter haben. Beispielhaft sei die Fallmethode mit einem strukturierten Lösungsschema angeführt, die die kognitiven und psychomotorischen Lernzuwächse in einer angewandten Situation evaluiert.

5.2.3 Lerntransferevaluierung

Die Lerntransferevaluierung stellt fest, ob ein positiver Lernerfolg eines Teilnehmers nach einer Bildungsveranstaltung auch an seinen Arbeitsplatz transferiert und der transferierte Lernerfolg dauerhaft in ein geändertes Arbeitsverhalten integriert wurde.

Während der Transferperiode können zu verschiedenen Zeitpunkten Evaluierungen durchgeführt werden. Je länger der Umsetzungsprozeß von Lernerfolg zu geändertem Arbeitsplatzverhalten eines Teilnehmers dauert, desto mehr Evaluierungen müssen in der Transferperiode erfolgen. Denn nur dadurch lassen sich letztlich die Faktoren ermitteln, die für ein mögliches „Verebben" der am Ende einer Bildungsveranstaltung festgestellten Lernerfolge eines Teilnehmers ursächlich sind.

5.2.4 Partielle und totale Evaluierung

Wird die betriebliche Weiterbildung unter dem Aspekt gesehen, daß verschiedene pädagogische Variable (Lehrmethoden, pädagogische Ökologie, Dozentenverhalten etc.) in der Weise zusammenwirken, daß sich ein Lernerfolg bei den Teilnehmern einstellt, kann sich eine Evaluierung nur auf pädagogisch relevante Teilaspekte beziehen (partielle Evaluierung), oder sie kann sich auf alle pädagogischen Variablen ausrichten (totale Evaluierung).

Die partielle und totale Evaluierung ist aber in ihrer Erscheinungsform nicht nur auf den Typ der Lernerfolgsevaluierung beschränkt, sondern hat in gleicher Weise auch bei der Lerntransferevaluierung Bedeutung. Der positive Verlauf des Umsetzungsprozesses von Lernerfolg zu dauerhaftem geänderten Leistungsverhalten am Arbeitsplatz hängt von der besonderen Konstellation verschiedener organisatorischer Variablen (Vorgesetztenverhalten, Organisationsrichtlinien, betriebliches Belohnungssystem etc.) ab. Je nachdem, ob nur eine oder wenige dieser Variablen oder die gesamte Breite der organisatorischen Variablen in die Evaluierung einbezogen werden, sprechen wir von partieller und totaler Lerntransferevaluierung.

5.3 Evaluierungsmethoden

5.3.1 Subjektive und objektive Evaluierungsmethoden

Die Unterscheidung in subjektive und objektive Evaluierungsmethoden wird danach vorgenommen, ob die Daten von Vorstellungen und Meinungen der evaluierten Personen stammen (subjektive Evaluierungsmethode) oder ob sie aus einem erkennbaren Verhalten dieser Personen im weitesten Sinne abgeleitet werden (objektive Evaluierungsmethode).

Ein Beispiel: Die Teilnehmer können nach dem Besuch eines Seminars über langfristige Unternehmensplanung danach gefragt werden, ob sie bestimmte Techniken der technologischen Voraussage (technological forecasting), die im Seminar abgehandelt wurden, in ihrem Arbeitsbereich einsetzen (subjektive Evaluierungsmethode). Sie können aber auch nach ihren Planungsunterlagen beurteilt werden, die Auskunft geben, ob die Teilnehmer bestimmte Techniken vom Seminar verwenden (objektive Evaluierungsmethode).

Evaluierungsdaten, die durch subjektive und objektive Evaluierungsmethoden bei der Lernerfolgsevaluierung ermittelt werden, müssen nicht unbedingt positiv korrelieren, sondern können in manchen Lernbereichen auch durchaus negativ korrelieren (Abb. 12).

Modellfall A: Stellt den in der Praxis angenommenen Verlauf einer Lernerfolgskurve dar, bei der der Zusammenhang von subjektiven Zufriedenheitswerten und objektivem Lernerfolg in einer positiven Korrelation, häufig sogar in einer positiv zunehmenden Identität gesehen wird. Oder: Je größer die Zufriedenheit der Teilnehmer, desto mehr haben sie gelernt.

Modellfall B: Stellt den umgekehrten Modellfall dar, daß der subjektive Zufriedenheitswert der Teilnehmer mit dem objektiven Lernerfolg der Teilnehmer negativ korreliert. Oder: Je größer die Zufriedenheit der Teilnehmer, desto weniger haben sie gelernt.

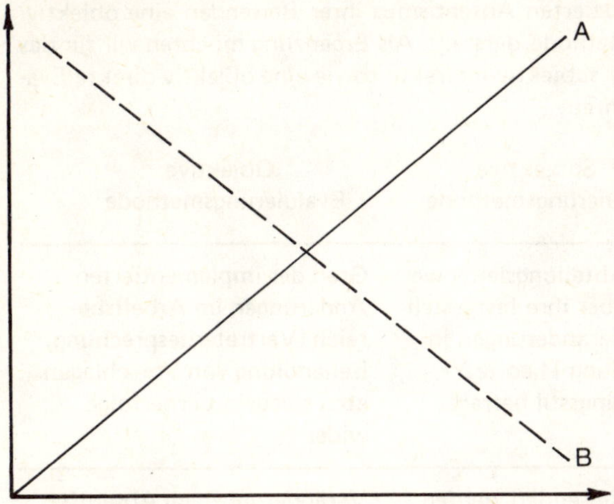

Abb.12: Modellfälle des Zusammenhangs von durch subjektive und objektive Evaluierungsmethoden ermittelten Lernerfolgen

5.3.2 Direkte und indirekte Evaluierungsmethoden

Die Evaluierungsmethoden können auch danach unterschieden werden, ob die Evaluierungsdaten einer Bildungsveranstaltung von den Teilnehmern (direkte Evaluierungsmethode) oder von dem Verhalten der Kollegen und Untergebenen des Teilnehmers ermittelt werden (indirekte Evaluierungsmethode).

Ein Beispiel dazu: Die hohe Abwesenheitsrate der Reisenden im Marketingbereich einer Unternehmung wird zum Anlaß genommen, für die verschiedenen Vorgesetzten dieser Mitarbeiter ein Seminar über Personalführung und Motivation zu planen. Bedürfnisuntersuchungen hatten im einzelnen ergeben, daß in den Abteilungen ein Grad von Theorie X-Führungsstil vorherrscht, der von der Mehrheit der Reisenden offen kritisiert wird. Die Lernerfolge können nun dadurch ermittelt werden, daß die am Kurs teilnehmenden Abteilungsleiter evaluiert werden, ob sie sich in Richtung eines Theorie Y-Führungsstils verändert haben. Der Lernerfolg der Abteilungsleiter kann aber auch danach beurteilt werden, ob der Absentismus der Reisenden geringer wurde. Wie dieses Beispiel weiter zeigt, schließen sich subjektive und objektive Evaluierungsmethoden auf der einen Seite und direkte und indirekte Evaluierungsmethoden auf der anderen Seite nicht aus. Ein Fragebogen zur Ermittlung der Veränderungen im Verhalten der Abteilungsleiter in Richtung eines Theorie Y-Führungsstils ist eine subjektiv-direkte Evaluierungsmethode, während die Evaluierung der Abteilungsleiter aufgrund des reduzierten Absentismus ihrer Reisenden eine objektiv-indirekte Evaluierungsmethode darstellt. Als Ergänzung möchten wir für das obige Beispiel auch eine subjektiv-indirekte sowie eine objektiv-direkte Evaluierungsmethode aufführen:

	Subjektive Evaluierungsmethode	Objektive Evaluierungsmethode
Direkte Evaluierungs-methode	Die Abteilungsleiter werden über ihre festgestellten Veränderungen in Richtung Theorie Y-Führungsstil befragt	Grad der implementierten Änderungen im Arbeitsbereich (Vertreterbesprechung, Behandlung von Vorschlägen etc.) spiegeln Lernerfolge wider
Indirekte Evaluierungs-methode	Die Reisenden werden über die Veränderungen im Führungsstil ihrer Vorgesetzten befragt	Veränderungen im Absentismus der Reisenden spiegeln Lernerfolge der Abteilungsleiter wider

Abb. 13: Evaluierungsmethoden bei einem exemplarischen Seminar

5.3.3 Lerntagebuch

Zum Abschluß wollen wir noch ein Evaluierungsinstrument vorstellen, das in der Evaluierungspraxis relativ unbekannt ist. Wir glauben, daß das Führen eines Lerntagebuchs eine neue Methodologie für die Evaluierung in der Management-Schulung bedeuten kann.

Das Führen eines Tagebuchs wurde schon in einigen Studien als Instrument zur Ermittlung von Forschungsdaten verwandt. Am bekanntesten ist die Studie von *Carlson*[136], der eine Gruppe von oberen Führungskräften bat, ihre einzelnen Arbeitsaktivitäten aufzuschreiben, damit ein Bild entsteht, das Auskunft darüber gibt, was diese Führungskräfte realiter tun, verglichen mit ihrer Meinung darüber, was sie tun[137].

136 Vgl. *Carlson, Sune:* Executive behavior, Stockholm 1951.
137 Vgl. dazu auch z.B. *Horne, J.H., Lupton, T.:* The work activities of middle managers. An exploratory study, in: Journal of Management Studies, 2. Jg., Heft 2/1965, S. 14 ff.; *Stewart, R.:* Managers and their jobs, London 1967.

Das Aufzeichnen von Lernfortschritten in einem Tagebuch ist keine absolute Neuerung. Vertreter der humanistischen Psychologie wie *Maslow* treten für ein Tagebuch ein, in dem der Gefühlszustand festgehalten wird[138], und die neuere Biofeedbacklehre fußt sogar konzeptionell auf der Idee des Führens eines Tagebuchs[139]. In der Pädagogik wurde das Führen eines Tagebuchs unter anderem zur Evaluierung von Lehrerbildungsprogrammen verwandt und kommt damit unseren Überlegungen am nächsten[140].

Das Führen eines Tagebuchs zur Aufzeichnung von Lernfortschritten hilft dem Teilnehmer, den Lernprozeß bewußter zu erleben. Das Tagebuch wirkt aktivierend. Es zwingt den Teilnehmer in der Aufzeichnungsphase zur aktiven Auseinandersetzung mit den Lehrinhalten. So betrachtet wird jede Aufzeichnungsphase beim Führen eines Tagebuchs zu einer teilnehmerindividuellen Nachbereitung des Unterrichts.

Die Aufzeichnungen der Lernfortschritte in einem Tagebuch sind wesentlich authentischer als die Antworten in einem Fragebogen mit offenen Fragen zum teilnehmerindividuellen Lernen. Neben seiner Verwendung in der Lernerfolgsevaluierung hat das Tagebuch als Evaluierungsinstrument auch während der Schulung große Bedeutung. Wir haben an früherer Stelle unserer Arbeit von Lerngruppen gesprochen, die zu verschiedenen Zeitpunkten während der Management-Schulung zusammenkommen, um mit den Teilnehmern in ihrer Gruppe ihre Lernfortschritte zu diskutieren. Die Aufzeichnungen in den Lerntagebüchern bilden die Grundlage für diese Diskussion.

Aber auch in der Transferperiode kann das Lerntagebuch weitergeführt werden und wird somit zum Monitor der Umsetzung von Lernerfolgen aus der Schulung in ein geändertes Arbeitsplatzverhalten der Teilnehmer[141].

138 Vgl. *Maslow, Abraham H.:* Toward a psychology of being, New York – Cincinnati – Toronto – Melbourne 1968.

139 Vgl. das Muster eines Biofeedback Tagebuchs bei *Karlins, Marvin, Andrews, Lewis M.:* Biofeedback, New York 1972, S. 104 f.

140 Vgl. *Alterman, Rolland A.:* Using student diaries to develop an evaluative instrument for teacher education programs, in: The Journal of Educational Research, 58. Jg., Heft 8/1965, S. 369 ff.

141 Die Lerntagebuchaufzeichnungen können bei leicht meßbaren Einträgen die Grundlage für eine Lernkurvenanalyse in der Lerntransfer-Periode bilden, bei der der einzelne Teilnehmer sich kritisch mit seinen Aufzeichnungen auseinandersetzt. Vgl. zum Begriff der Lernkurvenanalyse *Siegel, Laurence:* Industrial psychology, Homewood (Ill.) 1962, S. 161 f.

Stichwortverzeichnis